서툴다 [서:툴다] (형)

1. 일 따위에 익숙하지 못하여 다루기에 설다.
2. 전에 만난 적이 없어 어색하다.
3. 생각이나 감정 따위가 어색하고 서먹하다.
4. 앞뒤를 재어보는 세심함이 없어 섣부르다.

서툴다고
말해도 돼

권명환

호밀밭

서툰 제가, 서툰 당신에게 보내는 편지

우리는 누구나 서툰 구석이 있습니다.
저 또한 마찬가지입니다.

저는 정신건강의학과 의사로 살고 있습니다.
사람들의 감성의 뇌와 마음을 돌보는 일을 하고 있죠.

얼마 전 우울증이 깊어진 분과 대화를 나누었는데
"힘들어 보이시네요"라며 말을 건넸더니
"오늘은 선생님 상태가 더 안 좋아 보여요"라고 하셔서 함께
한참을 웃은 기억이 있습니다.

삶은 단 한 번뿐이어서 어느 누구도 두세 번 고쳐 살 수 없기에
우리 모두 인생에서 초보이고 신입생입니다.

우리 모두 살아가는 것이 처음이고, 완성 '된' 사람이 아니라
완성 '되어가는' 과정에 있기 때문에 서툴 수밖에 없는 겁니다.

저는 진료실이나, 병상에서만 아니라
지난 2016년 11월부터 2018년까지 5월까지
약 1년 6개월 동안 KNN 라디오 〈센텀온에어〉 속
'당신의 마음은 안녕하십니까' 코너를 통해
많은 청취자분들을 만나왔습니다.
생방송이다 보니 실시간 소통도 가능했는데요.
저마다 자신에게 어떤 문제가 있는 것 같다고 말하지만
제가 느끼기엔 모두 사랑에, 감정에, 표현에, 거리두기에
조금씩 서툰 분들이었습니다.

그래서 제가 방송하는 내내 가져온 일관된 마음은
서툴러 마음 아파하는 분들에게
"저도 서툴러서 아픔을 막거나 없애 드릴 순 없지만
덜 아프도록 대화 나누고 공감하면서 자그마한 도움을
드리겠습니다"라고 말하는 것.

그리고 자신을 있는 그대로 인정하는데 주저하지 않고
"저는 이런 부분이 서툴러요"라고 말할 수 있도록
보이지 않게 어깨를 토닥여 드리겠다는 것이었습니다.

이 책은 그런 계기와 마음에서 출발했습니다.
누구든 자신이 서툴다는 걸 받아들이고
스스로의 감정을 돌아볼 수 있도록
편하고 이해하기 쉬운 말로 쓰고자 했습니다.
정신분석학과 정신과학, 그리고 심리학,
한 달 약 1,500명이 넘는 분들과 대화하면서 느낀
임상 경험을 토대로 문학, 예술과 철학 같은
삶에 대한 다양한 시각을 함께 녹여내고자 했습니다.

라디오 생방송의 온기가 책에서도 느껴진다면 그것은
호밀밭 출판사 분들의 뛰어난 능력 덕분입니다.
이 시대가 요구하는 좋은 책을 열정적으로 만들고 계신
장현정 대표님과 책에 숨결을 불어 넣어 준 하은지 편집자님과
최효선 디자이너님께 감사드립니다.

KNN 라디오의 김신식 진행자님과 하민정 작가님과 조다영,
김은진 님께도 고마움을 전합니다.
넉넉한 마음으로 격려해주신 김창수 병원장님과
조형섭 행정원장님께도 감사의 마음을 전합니다.

철없는 막내아들이 가장 사랑하는 부모님께 감사드립니다.
라디오로 긴 시간 함께한 애청자분들, 그리고 진료실에서
만난 분들 모두 제 삶의 위대한 스승입니다.
고맙습니다.

내가 나로서 살아간 매 순간이 별이 된다면,
훗날 그 별들이 모여 아름다운 별자리가 될 겁니다.
제가 보내는 이 편지가 당신의 마음에 잉크처럼 물들어
별자리를 만들어나가는 데 조그만 밑바탕이 되길 바랍니다.

2019년 세밑
권명환

1장

'자신'에게 서툰 당신에게

연애가 힘든 사람, 자신이 불행하다 여기는 사람, 대인관계에서 힘든 사람 모두 자존감 문제와 연관이 있습니다.

자존감은 '자아 존중감'을 줄인 말입니다. 자기 자신을 어떻게 평가하는지, 자신을 사랑하는지, 스스로를 얼마나 가치 있게 여기는가에 대한 생각을 의미하는 말이죠. 정신과 레지던트 입원환자 차트 필수항목이 바로 자존감(self·esteem) 평가입니다.

자존감이란 게 실은 그 사람의 생각이나 감정을 좌우하며 어떤 결정을 내리거나 선택하는 데에도 큰 영향을 미칩니다. 자존감이 높은 사람은 대수롭지 않게 여기는 일도, 자존감이 낮은 사람에게는 천둥벼락과 위력으로 마음의 소용돌이를 일으킵니다.

특히 자존감 낮은 분들은 부정적인 평가 한두 마디에도 무너집니다. 예를 들어 "넌 게을러", "넌 어차피 해도 안 돼" 같은 평가를 그대로 자기 자신을 평가하는 잣대로 삼는 경향이 있습니다. 자존감이 낮은 사람의 마음에선 전쟁이 빈번하게 일어납니다. 나를 부정적으로 평가하는 사람에 대한 증오, 자신에 대한 열패감, 세상에 대한 혐오 등 부정적인 감정들이 마구 자라 몸과 마음을 잠식하게 됩니다.

정신과 의사인 저 또한 원래는 자존감이 매우 낮은 편이었습니다.

저는 어릴 때부터 제가 남들과 다르다고 생각했어요. 또래 관계에 서툴렀고 철학이나 문학, 미술에 관심이 많은 외톨이였죠. 더군다나 제 팔에는 아직도 큰 화상 흉터가 있습니다. 열등한 게 아니라 다른 것일 뿐인데, 친구들의 놀림을 받다 보니 엄청 주눅이 들어 있었고 스무 살까지도 한여름에 반소매 티를 입지 못했습니다. 일상과 대인관계에 지장을 줄 정도는 아니었지만 자존감을 떨어뜨리는 요인이었죠. 정신과 의사로 살다 보니 '사람 사는 게 비슷하다는 걸, 각자 저마다의 고민과 상처를 안고 서툴게 살아간다는 걸' 알게 됐습니다. 그런 공감이 저 자신은 물론 환자분들을 이해하고 위로하는 데 도움을 주었어요. 그리고 지금은 저로 인해 자존감을 회복하고 마음의 문제를 극복하는 사람이 많이 생겨나고 있습니다. 제가 환자분들에게 도움을 드리지만 저 또한 상담을 하며 많은 것을 배우고 있는 셈이죠.

자존감은 자신의 마음을 안전하게 지켜주는 방패와 다름없습니다. 다른 사람이 나를 못났다 여겨도 자존감 방패만 있으면 얼마든지 스스로를 자랑스럽게 여기고 사랑할 수 있는 것이죠. 하지만 자존감이 낮은 사람은 허약한 방패를 든 것이니 쉽게 상처를 입고 마음의 생채기 또한 오래 가는 경향이 있습니다. 누구보다 자신을 대하는 데 지독히 서툰 사람이 되어버리는 것이죠.

최근 10대나 20대 젊은 분 중 외모 콤플렉스 문제로 상담을 요청하는 경우가 많습니다. 인터넷에는 이런 고민 글도 있더군요.

외모 자존감이 뚝 떨어진 거 같아요. 열심히 생활하다가도 제 얼굴을 생각하니 어이가 없어서 피곤해요. 아무래도 (외모로) 많은 게 평가가 되기 때문에.

외모에 대한 불만족 내지 혐오는 삶에 대단히 악영향을 끼칩니다. 세계대전(世界大戰)에 버금가는 혼란이고, 자신 스스로 생각을 바꾸지 않는 이상 끝을 기약할 수 없는 전쟁이기 때문입니다.

하지만 놀라운 것은 외모 콤플렉스 있는 분들과 상담을 해보면 이분들도 외모보다 내면이 중요하다는 걸 알고 있습니다. 그걸 머리로는 아는데 마음으로 받아들여지지 않아 괴로운 것이죠. 이분들이 공통적으로 하소연하는 건 "한국 사람들이 너무 쉽게 외모로 남에 대한 평가를 남발한다는 것"입니다. 오랜만에 친구를 만나도 "너 못 본 사이에 살쪘다?"란 말이 먼저 나온다는 겁니다. 외모에 대한 평가나 발언을 너무도 쉽게 하는 것이죠. 그러니까 이분들도 혼란스러워지는 겁니다. 마음이 중요한 걸 알지만, 우리 사회 분위기가 날씬한 몸매를 성실의 척도인 것처럼 강조하고 외모가 자신감의 원천이라는 메시지를 쏟아내니 말이죠. 자존감이 허약한 분들은 그 기준에서 벗어나 있는 자신을 사랑할 용기가 나지 않는 겁니다.

S라인 몸매를 위해 다이어트에 목숨을 거는 것 또한, 건강한 몸을 만들기 위한 목적도 있겠지만 그 이면에 낮은 자존감이 숨어 있는 경우가 많습니다. 외모를 개선하는 방법을 통해 빈약한 자존감을 메꾸려는 보상심리가 숨어 있죠. 요즘 몸매와 다이어트에 대한 관심이 뜨거운 반면에, 다이어트 후유증으로 거식증이나 폭식증 그로 인한 우울증에 걸려 고통받는 분들이 가파르게 늘고 있습니다. 저는 그런 병들이, 낮은 자존감을 감추려고 몸에 매달리다 오히려 몸에 갇혀버리는 '시대 증후군'은 아닌가 하는 생각이 듭니다.

하지만 사회나 매스컴, 그리고 또래 집단이 외모를 전부인 것처럼 몰고 가더라도 그들 전부가 틀렸을 수 있습니다. 외모를 판단하는 객관적인 기준 같은 건 없거든요. 자신만의 미적 기준을 갖는 것이 중요합니다. 또 낮은 자존감은 외모를 개선한다고 해서 쉽게 채워지지 않습니다. 마음의 그릇이 비어있는 것이니까요. 몸이 변해도 자존감은 쉽게 또 바닥을 보일 겁니다. 그래서 저는 자신에게서 외모를 빼고, 나는 누구인가 라는 질문을 해보시길 권합니다. 외모를 제외한 나를 내가 존중했던가? 외모를 제외한 나에게 너무 가혹했던 건 아닌가? 라는 질문을 던져보도록 말이죠. 이러한 질문에 답을 하다 보면 자기 자신과 조금 더 가까워지는 경험을 하게 될 것입니다.

기억에 남는 20대 여성이 있습니다.

병원에 온 건 거식증 때문이었죠. 그분은 폭식을 하고 구토하는 증상을 반복했습니다. 유독 친구들을 만나고 집에 돌아갔을 때 심하게 폭식을 합니다. 혼자 피자 한 판, 치킨 두 마리를 먹고 전부 토해버렸죠.

정신분석적으로 증상이란 건 마음이 건네는 암호화된 메시지입니다. 폭식하고 토하는 증상을 통해 마음이 애타게 말을 건네는 것이죠. 그분과 제가 증상이 건네는 말을 몇 개월에 걸쳐 같이 들여다보았습니다.

이분이 가진 문제는 남의 시선에 지나치게 민감하다는 것이었습니다. 멋진 사람, 좋은 사람으로 평가받기 위해 자신을 끊임없이 소진시키고 있었죠. 단적으로 집 앞 슈퍼에 갈 때도 완벽하게 화장을 하고, 모두에게 친절하게 대하느라 애쓰고, 열 명의 친구를 만나면 열 명 모두 성향이 다른데 그들 모두를 만족시키기 위해 여러 개의 가면을 썼죠. 과하게 인정받고 싶은 마음은 몸을 허기지게 만들어 폭식을 유발했고, 몸과 마음의 긴장으로 인해 음식을 구토로 배출하기를 반복했습니다. 마음의 전쟁이 몸의 전쟁으로 번져버린 것이죠. 이분의 이런 과도한 노력과 그에 따른 이상 증상들은 '낮은 자존감'에서 비롯된 것이었습니다.

하지만 자존감은 고정된 게 아니라 시시각각 변합니다. 자존감이 바닥을 쳐도 언제든 노력만 한다면 회복이 가능한 것이죠. 이분은 '내가 굳이 여러 개의 가면을 쓸 필요 있을까', '모두를 만족시킬 필요도 없고 모두를 만족시키는 건 불가능하다'는 걸 스스로 깨닫는 것이 해답이었죠. 이분에게는 있는 그대로 자신을 받아들일 용기가 필요했고, 그런 용기를 갖게 되자 많은 것이 달라졌습니다. 무엇보다 불가항력으로만 여겨졌던 몸의 이상 증상이 사라졌습니다. 자신의 생각과 감정을 존중하면 자존감의 상태는 언제든 변할 수 있습니다.

자신을 혹사시키는 사람

.

우리 주위엔 많은 열정 맨, 열정 우먼이 있습니다. 그런 사람들은 대부분 열심히 사는 사람, 성실한 사람으로 호평을 받죠. 하지만 그런 사람일수록 자기 자신을 돌보는 일에 서툰 사람이 많습니다.

최근 몇 년 사이 '번아웃 증후군'을 호소하는 환자 분들이 크게 늘었습니다. '번아웃(Burn-Out)'은 불타 없어진다는 의미인데요. 어떤 일에 의욕적으로 일에 몰두하던 사람이 극도의 정신적, 신체적 피로감을 호소하며 무기력해지는 현상을 말합니다. 우리말로는 소진 증후군, 탈진 증후군이라고도 합니다.

번아웃 증후군은 미국의 프로이덴버그라는 정신분석가가 자신이 치료하던 간호사를 보고 처음 이 용어를 사용했습니다. 이 간호사는 아픈 분들을 돌본다는 사명감으로 일을 시작했지만, 점점 압박과 피로에 시달리며 냉소적으로 변해가는 증상을 보였다고 합니다. 일에 자신의 모든 에너지를 소모해 지칠 대로 지쳐버린 나머지 정작 자기 삶을 위해 쓸 기운은 남지 않게 된 것이죠.

번아웃 증후군은 학생, 주부, 프리랜서 등 직종에 상관없이 나타날 수 있는데, 이런 분들의 공통점은 일을 자신의 한계보다 더 많이 한다는 데 있습니다.

일을 하다 극심한 피로를 느껴 내과로 입원한 50대 남성분이 생각납니다. 이분은 걸음을 걸을 때 다리에 모래주머니를 찬 것처럼 하체가 무거워 발을 떼기 어려운 증상이 지속되었습니다. 검사에서 아무런 이상이 발견되지 않아, 정신건강의학과로 의뢰된 환자분이었는데 전형적인 번아웃 증후군이었습니다. 이분은 사회적으로 성공했다 여길 정도로 유능한 사람이었습니다. 하지만 쉬는 걸 불안해했고 바쁘지 않으면 죄책감을 느꼈죠. 푹 쉬어야 한다고 말씀드려도 병실에까지 문서를 쌓아두고 일을 계속하던 분이었습니다. 이분이 상담 중 해주신 이야기가 생각나는데요. 어느 날엔가 가족과 함께 봄꽃 축제에 갔는데, 화려하게 핀 꽃을 보고 아내와 아이들이 들떠 있는데 자신은 아무런 감정이 느껴지지 않더라는 겁니다. 자신만 홀로 동떨어진 것 같은 느낌이 들었다고 해요. 그제야 자신이 기쁨, 슬픔 같은 감정을 못 느끼고 살아왔다는 걸, 직장 일 빼고 자신이 뭘 하고 사는지 모르겠다는 생각에 회의감이 들고 삶이 허무해졌다고 합니다. 이 환자분은 다행히도 건강을 회복하신 경우지만, 제가 만나 본 대부분은 자신이 탈진했다는 걸 잘 알면서도 당장 먹고 사는 문제 때문에 일을 포기하지도, 쉬지도 못하는 안타까운 경우가 많습니다.

사실 번아웃 증후군의 배경에는 '성과'를 우선으로 하는 사회 분위기가 있습니다. 우리는 '피로사회'에서 살고 있습니다. 독일에서 철학 하는 한병철 씨의 『피로사회』라는 책에는 '성과주의 사회에서 개인은 완전히 타버릴 때까지 자기 자신을 착취한다'는 말이 나옵니다. 현대인이라면 누구나 공감할 수 있는 말이죠. 요즘 서점가에서 잘 팔리는 책 중에는 '자기개발서'나 '성공을 위한 시간관리법'에 대한 게 많습니다. 좋게 보면 '가능성을 끌어내는 자기 활용방법'을 제시하는 거지만, 냉정하게 보면 오히려 그런 책들이 성과주의 사회에서 우리 모두를 소진시키고 탈진에 이르도록 부추기고 있는 것만 같은 생각도 듭니다.

성과주의 사회는 내가 노력하면 뭐든 할 수 있고, 성공할 수 있다는 긍정이 넘칩니다. 이 사회에서는 누군가의 명령이나 지시 때문에 움직이는 게 아니라, 자신에게 끊임없이 긍정의 주문을 겁니다.

나는 성공할 수 있어! 나 자신을 극복할 수 있어!! I can do it!!

　자기 자신을 뛰어넘어야 한다는 끝없는 주문과 강박 속에서 자발적 노동에 시달리다 탈진에 이릅니다. 사람의 의지력이란 게 화수분처럼 끝도 없이 솟아나는 게 아닙니다. 정신력이란 것도 고갈되고 소진됩니다. 문제는 다른 이의 강요가 아니라, 자발적으로 자신을 혹사시키기 때문에 본인이 가해자인 동시에 피해자가 된다는 것입니다. 특히 일의 성과에 집착하거나 성공에 대한 열망이 강한 사람일수록 번아웃의 신호가 오면 더 열심히 일에 매달리면서 '나는 괜찮다'는 것을 과시하려는 경향이 있는데, 이런 태도가 오히려 상태를 더 악화시키는 경우가 빈번합니다. 결국 몸이 간절히 신호를 보냈음에도 이를 무시하고 괜찮다며 다독인 것에 대한 후회와 자신에 대한 원망만 남게 됩니다.

　특히 '일 중독(워커홀릭)'인 분들이 번아웃 증후군, 탈진 증후군에 빠질 위험이 가장 높습니다. 이런 분들의 특징은 일을 해야 마음이 편하고, '한 번도 쉰 적이 없다'는 것에 자부심을 느끼며, 바쁜 것을 자랑스럽게 여기고, 바쁘지 않을 때는 죄책감을 느끼며, 휴일이나 주말에도 일을 하거나 일 이야기를 합니다. 이런 행동의 기저에는 주변의 인정을 통해 자신의 존재가치를 확인받고 싶어 하거나, 책임감이 과한 완벽주의자인 경우가 많은데 더 많은 일을 떠맡게 되어 결국 자신을 불태워버리게 됩니다. 성실한 게 결코 나쁜 것은 아닙니다. 다만 맹목적인 성실함으로, 스스로를 돌아보지 않고 여백 없이 살다 보면 빈 껍데기밖에 남아있지 않은 자신을 발견하게 될 거란 얘깁니다. 핸드폰은 급속충전이 가능하지만, 사람은 방전되면 되돌릴 수 없습니다. 더군다나 사람에게는 보조 배터리가 없기 때문에 방전되면 그것으로 끝입니다.

번아웃 증후군에서 벗어나기 위한 방법 중 1위가 '잠자기'라는 조사결과를 본 적이 있습니다. '깨어있는 시간이 얼마나 버거우면 잠으로 도망치려 할까'하는 안타까운 마음이 듭니다. 자신의 성실함을 '과잉근무'로 증명해야 하는 사회입니다. 하지만 지치지 않고 오래 달리기 위해서는 직장과 개인 간의 경계를 명확히 해야 할 필요가 있습니다. 업무는 정해진 시간 내에 하고 일거리를 아예 집으로 가져오지 않으며 주말에는 일에 대한 생각에서 의식적으로 벗어나야 합니다. 무엇보다 자신의 한계를 본인의 체력과 능력에 맞게 설정하고, 가능하면 이 범위를 넘지 않으려 애써야 합니다.

번아웃 증후군에서 빠져 나오기 위해서는 '아니요'라고 말할 수 있어야 합니다. 가장 먼저 나 자신에게 '아니요'라고 선언

하며 자신의 한계를 인정하고 내려놔야 합니다. 다음에는 다른 사람들의 요구를 '아니요'라고 거절하는 게 필요합니다. 무엇이든 '할 수 있다'고 달려온 사람에게는 거절이 마치 항복 선언처럼 자존심 상하고 무능력해진 것처럼 느껴질 텐데요. 내 한계를 벗어나는 일을 거절하지 않으면 나는 일 말고는 아무것도 아닌 사람이 되어 버립니다. 거절을 해야만, 진짜 내가 원하는 게 뭔지 돌아볼 수 있습니다. 일이 아닌, 타인의 인정이 아닌, 완벽한 자아라는 허상이 아닌 나에 대해 객관적으로 생각해보고 몸과 마음의 상태를 틈틈이 점검해주어야만 자아도, 우리의 일상도 더욱 굳건해질 수 있습니다.

사실 사람의 감정이란 게 전염이 잘 됩니다. 우울한 사람 옆에 있으면 같이 기분이 처지는 것처럼, 번아웃 증후군으로 인한 무기력함이나 짜증, 우울 같은 게 집단 전체로 확대될 수 있는 것이죠. OECD 국가 중 두 번째로 근로시간이 많은 한국도 번아웃에 대한 국가적 차원의 관심과 대책이 필요한 이유입니다. 실제 일부 유럽 국가에서는 번아웃을 심각한 사회 문제로 인식, 의학적인 진단용어로 도입해 재정적인 보상이나 재활서비스를 제공하고 있습니다. 번아웃 증후군은 자기 스스로를 지키는 개인적인 노력과 사회적 노력이 함께 이뤄져야 극복될 수 있는 문제입니다.

낮은 자존감의 다른 표현, 거짓말

우리 모두가 일상에서 원하든 원치 않든 매일 하루에 서너 번은 거짓말을 하면서 살고 있습니다. 사람들과 다섯 번 대화를 하면 그중 한 번 정도에 거짓말이 섞여 있고, 처음 만난 사람과 10분 정도 대화를 하는 동안에 평균 세 번은 거짓말을 한다는 통계가 있죠. 지금 이 책을 읽고 계신 분 중에서는 나는 오늘 한 번도 거짓말을 안 했다고 생각하는 분도 계실 텐데 거짓말이란 게 알고 하는 경우도 있지만 의도치 않게 무의식적으로 하는 경우가 더 많습니다.

거짓말에는 여러 종류가 있습니다. 인간관계를 원만히 하려는 선의의 거짓말부터, 윗사람에게 예의상 하는 하얀 거짓말, 정치인들의 새빨간 거짓말, 그리고 리플리 증후군 같은 병적인 거짓말도 있습니다.

거짓말은 '말'이 아닌 표정, 말투, 몸짓 같은 '비언어적 표현'에 숱한 단서가 숨어 있습니다. 사람들이 거짓말을 할 때 자신도 모르게 특정 행동이나 표정을 짓기도 하는데 가령 입술에 침을 바른다거나, 시선 처리가 달라지거나 입을 가리는가 하면, 말과 표정이 일치하지 않거나 볼펜이나 코를 만지작거리는 행동들을 합니다. '언어적 단서'로는 단답형으로 똑같은 말을 반복하는 일명 '모르쇠 전략'이 있는데요. 거짓이 탄로 날까 두려워, 상대에게 공격의 빌미를 주지 않기 위한 대표적인 방어 전략입니다. 그러다 거짓말에 덜미가 잡히게 되면 그때부터는 불필요한 말을 계속 보태거나 심지어 묻지도 않은 질문에 자세한 설명을 덧붙이는데요. 거짓말할 때의 불안한 심리를 담요로 덮듯 많은 말로 덮어서, 안정을 유지하려는 심리 기제가 작동하는 겁니다. 거짓말이 완벽하게 성공하길 기도하지만 표정이나 몸짓이 거짓말을 하고 있다는 단서를 흘리고 있는 것이죠.

거짓말은 기본적으로 자신을 거짓말로 그럴듯하게 포장해서 상대에게 어필하고 싶은 심리가 반영되어 있습니다. 과하지 않은 범위에서 자신의 결점을 감추는 건 화장을 하는 것처럼, 원만한 사회생활을 위해 어느 정도는 용인될 수 있다고 생각합니다. 하지만 습관적으로 거짓말을 하고 새빨간 거짓말로 자신을 포장하는 분이라면 낮은 자존감으로 인한 좌절과 열등감이 거짓말을 반복적으로 만들고 생산하는 게 아닌가 생각해보아야 합니다.

거짓말에 속는 심리, 다시 말해 속고 싶은 심리에도 낮은 자존감이 숨어 있습니다. 남편의 외도로 큰 충격을 받고 우울증에 걸린 한 여성분을 만난 적이 있는데요. 부부 상담을 하는데 남편분이 너무 허술한 거짓말을 늘어놓는 거예요. 바람피운 적이 없다고 주장하는데, 아내분이 그걸 점점 믿는 겁니다. 이런 말도 안 되는 거짓말에 왜 속아 넘어가는 걸까 생각할 수 있지만 아내분은 남편의 외도가 진실로 드러나면 자신이 평생 일궈온 삶과 자존감이 무너질까 두려워 거짓말에 속아 줄 수밖에 없는 겁니다.

자신이 지어낸 거짓말을 자신 스스로도 철석같이 믿게 되는 경우가 있습니다. 자신의 거짓말을 현실과 혼동해 진실로 믿고 거짓말을 반복하는 증상을 '공상 허언증' 또는 '리플리 증후군'이라고 하는데 이러한 경우는 병적인 거짓말에 속합니다.

상담을 위해 저를 찾아온 20대 후반의 여성분이 기억나는데요. 첫 상담을 할 때 이분은 스스로를 재계순위 10위권 내의 재벌가 손녀이고, 명문대를 졸업한 수재에 지금은 경영수업 중이라고 자신을 소개했습니다. 며칠 후에 환자분 어머니가 병원에 오셨는데요. 실은 가정형편이 아주 힘든 상황이고 어렵게 살아왔는데 딸이 자꾸 거짓말을 하며 공상에 빠져 산다고 걱정을 하셨습니다. 이분은 거짓말의 포장을 벗고 맨얼굴의 자신과 마주하는데 상당한 어려움을 겪고 있었습니다. 보통 리플리 증후군은 학벌이나 경제력이란 현실의 벽에 부딪혀 열등감에 시달리다가, 실제의 내가 아닌 '되고 싶은 나'를 반영한 반복적인 거짓말을 통해 허구의 세계를 진실로 믿게 됩니다. 다시 말해 리플리 증후군은 집안, 학벌이나 스펙 등을 중시하는 사회로 인해, 자신 스스로마저 자신을 부정하게 만드는 사회적 질병이 아닐까 싶습니다.

사람에게는 누구나 약점이나 부정적인 면이 있습니다. 하지만 자신에게 서툰 사람은 그런 약점을 인정하고 싶지도, 남에게 들키고 싶지도 않아 그것들이 마치 내 속에 전혀 없는 것처럼 숨기는 경우가 대부분입니다. 그럼에도 불구하고 자신의 약함을 알게 되는 순간이 있는데요. 바로 상대에게서 발견하게 되는 경우입니다.

나의 낮은 자존감으로 비롯된 열등감이나 콤플렉스를 타인에게서 발견할 때 미움, 분노 등의 감정이 싹트는 것을 '투사현상'이라고 합니다. 칼 구스타프 융이란 분석심리학자가 소개한 개념이죠. 그런데 자존감이 낮은 사람은 타인에 대해 순식간에 일어나는 미움이나 분노와 같은 감정이 자신에게 비롯되었다는 사실을 알지 못합니다. 예컨대 상대가 돈에 집착하는 모습이 너무 밉고 싫은데 실은 자신이 재물에 욕심이 많다거나, 시기질투가 심한 친구를 격하게 비난하는데 알고 보면 자신도 시기질투가 많은 경우인 것이죠. 어린 학생들이 담배 피우는 모습을 보고 쉽게 격분하는 사람이, 알고 보면 평소 불량스러운 행동을 일삼는 사람인 것도 마찬가지입니다. 나의 약함을 부정하고자 하는 반작용으로, 자신과 비슷한 말이나 행동을 하는 상대를 지나치게 비난하거나 멸시하는 것입니다.

자식들 중 가장 감정적으로 반응하게 되는 아이가 있습니다. 미운 오리 새끼처럼 그 아이만 보면 자꾸 화가 나고 저렇게 살아도 되나 걱정되고, 자주 언성이 높아지고 잔소리하게 되는 아이가 있는데요. 정신분석적으로 보면 그런 아이일수록 가장 자신과 닮은 아이일 가능성이 높습니다. 일상에서 누군가에게 좋은 감정이든 나쁜 감정이든 강렬한 감정이 드는 순간, 알 수 없는 거북한 느낌이나 불편한 감정이 강하게 일어난다면 대부분 투사현상에서 비롯된 것입니다.

이러한 분들은 상대의 부정적인 면을 과장해 그를 아주 나쁜 사람으로 만들어버리는 게 특징입니다. 그 비난의 강도가 셀수록 자신의 약함을 강렬하게 부정하고 있음을 반증합니다. 투사는 자신은 물론 타인의 마음을 괴롭힐 수 있는 현상이지만, 그 자체가 병적인 것은 아닙니다. 오히려 타인이 잘못한 게 없고, 자신에게 피해를 입힌 것도 없는데 지나치게 미워하는 감정이 든다면 나의 마음이 보내는 신호로 여기고 경계할 수 있습니다. 투사현상을 통해 내 자존감의 상태를 확인할 수 있는 것이죠. 이유 없이 화가 나고 비난하고픈 마음이 든다면 아프고 괴롭더라도 남 탓으로 돌리기 전에 자기 마음을 들여다보는 용기를 가지는 게 좋습니다. 또 투사를 당하는 입장이라면 너무 심각하게 생각하지 말고 가볍게 반사해버리는 여유도 필요할 것입니다.

자존감을 회복하는 방법

　　자신에게 서툰 사람들은 쉽게 외모나 타인의 평가, 성과나 성공에서 자신의 가치를 찾으려 합니다. 그것도 어렵다면 거짓으로 자신을 만들어 그게 자신인 양 믿어버리기도 하죠. 하지만 언제든 어떤 노력으로도 채워지지 않는 공허함을 느끼게 될 겁니다. 모두 변할 것들이고, 스스로 정한 기준도 아니기 때문이죠.

　　자기 자신과 보다 능숙하게, 편안하게 대화하기 위해선 자존감을 높이는 연습이 필요합니다. 그러기 위해서는 먼저 나의 약함을 투사하고 있는 대상과 원인이 무엇인지, 내 안에 자리 잡고 있는 부정적인 감정의 근원이 무엇이지 살펴보는 노력을 통해 나의 자존감의 상태를 확인해야 합니다. 약한 부분을 알아야 그에 맞는 양분을 보충해 줄 수 있을 테니까요.

　　그런 다음에는 내가 살아갈 방향을 주체적으로 결정하고 행동으로 옮길 수 있는 용기를 가져야 합니다. 자존감의 문제는 결국 내가 얼마만큼 주체적으로 사느냐에 달려있습니다. 사람들은 내가 원하는 걸 내가 알고 있고, 내 가치관에 따라 결정하고 행동한다고 믿습니다. 그런데 실상은 부모님이 원하는 욕망을 위해 나도 모르게 거기 맞춰 살아가는 경우도 있고, 우리 사회의 고정관념을 내 생각이라고 착각하는 경우도 많습니다. 나에게 스며든 수많은 고정관념을 분리수거하면서 내가 정말 원하는 게 뭔지, 이 삶에서 내가 어떻게 살고 싶은지에 대한 질문을 던지며 주체적으로 살아가는 게 바로 자존감을 회복하고 '나답게' 사는 길이 아닐까 생각합니다.

'삶의 속도'를 정하는 것도 중요합니다. 저는 느릴수록 좋다고 말씀 드리고 싶습니다. 현재의 자신을 성찰하고 깊이 느끼고자 하는데 빠르면 곤란하죠. 간단하게는 밥 먹는 속도를 줄여보고, 천천히 걸어보고, 아무것도 하지 않고 시간 속에 실존하는 자신을 느껴보는 겁니다. 석양이 물든 시간, 혼자 바람을 맞으면서 느끼는 외롭거나 쓸쓸한 기분, 마음껏 울 수 있는 시간, 텅 빈 마음에서 우러나오는 추억들, 그런 느낌에 집중해본다면 자신을 찾는 데 큰 도움이 될 것입니다.

2장

'사랑'에 서툰 당신에게

사 랑 에 빠 지 다

보통 '사랑'이라 하면 누군가에게 열렬히 끌리는 마음 상태를 의미합니다. 누군가를 몹시 아끼고 귀중히 여기는 마음을 뜻하죠. 인류 역사상 가장 아름다우면서도, 가장 치열하게 탐구해 온 단어가 바로 사랑이 아닐까 싶습니다. 정신분석학자들도 사람은 왜 사랑에 빠지는지, 도대체 사랑이 무엇인지에 대한 고민을 많이 했어요. 라캉이란 정신분석학자는 "사랑은 나에게 결핍된 빈 구멍을 메워줄 것처럼 느껴지는 상대를 만날 때 생기는 환상이다"고 했죠. 특히 저는 프랑스 사상가인 몽테뉴가 말한 사랑의 정의가 와닿는데요. 사랑에 대해 이런 말을 했습니다.

누군가 나에게, 왜 내가 그를 사랑했는지를 묻는다면
"그였기 때문이고 나였기 때문이다"는 말밖에 할 수 없다.

어쩌면 사랑은 이렇게 확인은 가능하지만, 설명하거나 이해할 순 없는 인류의 영원한 신비가 아닐까 싶습니다.

뭐라 해도 인간이 느낄 수 있는 가장 극적인, 환희의, 행복한 감정 중 하나가 바로 사랑일 겁니다. 사랑이라는 감정에 수반되는 징후 또한 예사롭지 않은데요. 먼저 눈에 콩깍지가 씌었다고 하죠? 이걸 '핑크 렌즈 효과'라고 합니다. 핑크 렌즈를 끼면 세계가 온통 핑크빛으로 보이는 것처럼, 사랑에 빠져 세상이 아름답게 보이는 현상을 의미하죠. 신체적 변화로는 아드레날린이 분비되어 혈압이 높아지고 땀도 나오고, 심장도 둥둥둥 뛰게 만듭니다. 상대의 단점마저도 잘 보이지 않는데, 실제 사랑을 할 때 분비되는 도파민, 페로몬, 세로토닌, 옥시토신 등(일명 사랑 호르몬)과 같은 호르몬들이 마약이나 알코올과 같은 효과를 발휘하죠. 때문에 잠시 떨어져 있어도 지독한 그리움 같은 금단 증상이 생길 수 있습니다. 또 사랑 호르몬은 아픔도 잊게 해줍니다. 사랑은 마약성 진통제보다도 큰 효과를 발휘합니다. 그런데 이쯤 되면 "내가 상대를 너무 좋아하고 있는 건가? 계속 의존하게 되면 어떡하지?" 하는 걱정이 들 수 있는데 이 모든 현상은 지극히 정상적인 겁니다.

하지만 사랑도 변합니다. 평생 둥둥거리는 심장을 부여잡고 살지 않아도 된다니 다행일까요? 사랑의 열기가 식는다니 불행일까요?

영화 '봄날은 간다' 속 유명한 대사가 생각납니다. 주인공

상우(유지태)는 이별을 고하는 은수(이영애)에게 "사랑이 어떻게 변하니?"라고 말합니다. 은수가 변심한 심리적 이유를 분석한다면 복잡하겠지만, 과학적으로는 단순하게 설명이 가능합니다. 대부분의 연구결과에 따르면 사랑의 유통기한이 6개월에서 길어야 2~3년 정도라고 합니다. 300일 정도 사귄 남녀의 뇌영상을 촬영했더니, 뜨거운 감성 시스템은 식어버리고, 이성만이 작동한다는 연구도 있죠. 사랑에 빠질 때 분비되는 사랑 호르몬의 수명이 대략 2년 정도에 불과하다는 겁니다.

사랑에 서툰 사람은 뜨겁고 열정적인 것만을 사랑으로 생각해 연애 관계를 더 지속할지 말지 고민합니다. 하지만 불꽃놀이처럼 파바박 튀는 감정만이 사랑은 아닙니다. 촛불처럼 의지가 되는 사랑, 은근하게 따뜻함을 주는 아랫목처럼 편안한 사랑도 있죠. 서로 사랑하면서 힘든 기간을 같이 통과한 추억이나 관계를 유지하기 위해 서로 기울이는 노력, 안정감 같은 것도 사랑의 다른 모습일 수 있습니다. 사랑은 한 가지로 규정지을 수 없는 여전히 신비로운 감정이니까요.

누군가 저에게 이렇게 물을 수 있습니다.

"좋아하는 것과 사랑하는 건 같은 감정이 아닌가요?"

이 주제를 가지고 루빈이라는 심리학자가 실험을 했습니다. 미국 대학생들을 대상으로 누군가를 좋아할 때 혹은 사랑할 때 느끼는 감정이나 태도, 행동을 수집해서 분석한 것이죠. 그랬더니 사랑하는 것과 좋아하는 것이 별개의 차원임을 확인했습니다.

사랑하는 상태가 되면, 떨림이나 두근거림 같은 생리적인 변화가 생기는 것은 물론이고 상대와 항상 함께 있고 싶고 상대가 없으면 사는 게 무의미하다 느껴지며, 둘 사이에 비밀 없이 모든 걸 공유하려는 경향이 강해진다고 합니다. 특히 상대와 떨어져 있어도 자꾸 그 사람 생각이 나고 사랑하는 사람을 위해 모든 걸 포기할 수 있다고 여기게 됩니다. 사랑을 하게 되면 몸과 마음에서 일어날 수 있는 총체적인 반응들이 나타나고 희생과 헌신의 마음까지 생겨나게 되는 것이죠. 반면 좋아하는 건, 왠지 상대가 자신과 닮은 구석이 많아 대화가 잘 통하고 상대가 이해심이 많고 주변 평판도 좋은 사람이어서 친밀함을 지속하고 싶어 하는 감정입니다. 이런 구별법이 절대적이진 않지만 자신의 감정이 어디쯤 있는지 조금은 알 수 있을 겁니다.

조금 더 자신의 감정을 잘 알고 싶다면 이런 질문을 해볼 수도 있습니다.

"상대가 나를 떠나간다면 어떤 마음이 들까?"

사랑의 감정이었다면, 상대방이 갑자기 사랑을 거두어들일 때 분명 신체의 일부를 잃어버린 것 같은 고통이 찾아올 겁니다. 그에 반해, 좋아하는 감정이었다면 외롭고 허전하고 쓸쓸하긴 해도 그렇게까지 고통스럽진 않을 겁니다. 자신이 어떤 상태인지 제대로 알면 사랑으로 인해 폭풍처럼 일어나는 감정, 좌절의 감정을 자연스럽게 받아들일 수 있습니다. 자신의 감정을 제대로 아는 것은 사랑함에 있어서도 중요한 일입니다.

첫사랑을 잊지 못하는 사람

남자는 여자의 첫사랑이길 원하고 여자는 남자의 마지막 사랑이길 원한다는 말이 있습니다. 마치 모든 여성, 남성이 그런 것처럼 정형화되어 버린 말이죠. 절대적이진 않지만 그러한 차이가 있을 순 있습니다. 그런데 성별 불문하고 어떤 복잡한 감정을 불러일으키는 대상이 존재한다면, 그건 아마 '첫사랑'일 겁니다.

실제로 첫사랑을 잊지 못해 상담하러 온 분들이 계십니다. 첫사랑을 잊을 수 없어 새로운 사람을 만나도 자꾸 첫사랑과 비교하게 된다고 해요. 그분들에게 "첫사랑을 왜 떠나보내지 못합니까?"라고 물으면 대부분 "첫사랑 상대에게 미련이 남아서 잊지 못한다"고 말합니다. 그런데 상담을 깊이 진행하면, 이야기의 강조점이 근본적으로 바뀌게 됩니다. 가장 기억에 남는 장면을 떠올려보시라고 하면 "온전히 나만 사랑해 주던 기억, 모든 일을 팽개치고 새벽 기차 타고 연인을 만나러 갔던 기억, 세상 끝까지라도 함께 걷고 싶었던 거리, 아픈 연인을 위해 한밤중에

동네 약국을 뛰어다닌 기억" 같은 것들을 이야기합니다.

이러한 기억을 자세히 들여다보면 이야기의 초점이 '상대'가 아닌 '나'에게 맞춰져 있음을 알 수 있습니다. 실은 상대를 잊지 못하는 게 아니라 그 시절의 나를 잊지 못하는 거죠. 순수하고 뜨겁게 사랑했던 나 자신, 상대에게 너무나 소중한 존재였던 그때의 나에 대한 미련인 겁니다. 이러한 분들이 다시 새로운 관계를 시작하기 위해선, 상대를 떠나보내려 애쓰는 것보다 그 시절 자신의 모습이 담긴 기억 앨범을 먼저 내려놓아야 합니다.

첫사랑 이야기가 나온 김에 조금 더해볼까요? 서울대에서 재미있는 조사결과를 내놓았는데요. 결혼 전 연애 횟수와 결혼 만족도의 상관관계를 조사했는데, 결혼 전 7회 이상 연애 경험이 있는 사람은 대부분 현재 결혼생활에 만족한다고 답했습니다. 가장 결혼 만족도가 낮은 사람은 놀랍게도 첫사랑과 결혼한 분들이었습니다. 그야말로 첫눈에 반해 결혼한 분들이었을 텐데 왜 그럴까요? 일반적인 연애는 "우린 서로 말이 잘 통해, 성격이 잘 맞아"와 같은 이유로 시작하지만 첫눈에 반하는 경우는 나도 모르는 어떤 끌림이 강하게 작동했을 가능성이 높다고 합니다. 가령 차가운 어머니 대신 나를 다 받아줄 것 같은 이미지의 여자를 만난다면, 일찍 돌아가셔서 아버지에게 받아보지 못했던 따뜻한 정을 어떤 남자에게서 느끼게 된다면 강하게 끌리는 거죠. 사실 첫눈에 반한다는 건 심리적으로 '내가 갖지 못한, 나의 빈 구멍을 채워줄 것처럼 느껴지는 이미지의 상대를 만났을 때 운명처럼 끌리는 현상'에 가깝습니다. 그런데 문제는 내가 상대에게 기대하는 모습과 실제 상대방 사이에 별다른 연관성이 없다는 겁니다.

실제 상담을 하다 보면, 내가 상대에게 반했던 바로 그 이유가 결국 이별의 사유가 되는 경우가 많습니다. 과묵하고 안정감을 주는 점이 좋아 결혼했는데 막상 함께 살아보니 말이 없는 상대에게 지쳤다는 것이죠. 상대방 때문이 아니라 내 마음의 기대치가 관계를 그르치게 만드는 겁니다. 건강한 사랑을 하기 위해서는 상대를 내 마음속 구멍에 끼워 맞추려 하기보다, 상대방과 사랑하며 쌓아가는 유대감을 통해 마음 자체를 튼튼하고 풍요롭게 만드는 데 집중해야 할 것입니다.

사랑에 서툰 사람일수록 자신의 감성 시스템대로만 행동하려는 경향이 큽니다. 사람 생김도 생각도 감정도 모두 제각각인데 자기 방식만 고수하면 그 사랑이 온전히 유지될 리 없겠죠. 더구나 이성애라면 그 관계는 분명 어긋나고 말 겁니다. 그건 남녀의 감성 시스템이 확연히 다르기 때문이죠.

상담을 할 때 부부가 함께 오시는 경우도 많습니다. 한번은 남편분이 아내를 도무지 이해할 수 없다고 하소연을 했는데요. 8월 한여름이었는데 아내가 퇴근한 남편에게 이렇게 말했답니다.

"오늘 정말 더운데 나 거실 소파 옮기고 집안일 다했다."
그랬더니 남편이,
"더우면 에어컨을 켜지 그랬어?"
그러자 아내가 벌컥 화를 내더라는 겁니다.

남편분 입장에서는 더울 땐 전기료 아끼지 말고 편히 쓰라는 의도로 건넨 배려의 말이었는데 아내가 화를 낸 게 이해가 안 된다는 것이었죠. 하지만 아내의 말에 담긴 속뜻은 "더운 날씨에도 힘들게 일했네! 수고했어"라며 자신의 수고에 공감해달라는 거였습니다. 서로 같은 언어를 구사하지만 속뜻이나 의도는 전혀 딴판인 셈이죠. 남자는 문제의 해결을 위해 말을 했는데 여자는 공감의 말을 기대한 것이죠. 이렇게나 남녀 간의 감성 시스템이 다르다는 점을 인정하고 오차를 좁혀간다면 공감의 기회는 생겨날 겁니다.

남녀의 감성 시스템이 다른 것은 진화심리학적 관점에서 해석할 수 있습니다. 아침 드라마를 예로 들면, 주인공 남자가 가난한 여주인공과 헤어지고 재벌가 자제와 결혼하는 게 단골 레퍼토리입니다. 남성은 권력의 순위를 올리기 위해 관계를 활용합니다. 남성들이 서로 명함을 주고받고 저녁에 만나 술잔을 기울이는 것은 인맥을 형성해 자신의 일에 도움을 받으려는 목적이 큽니다. 반대로 여성들은 관계의 유지를 위해 권력을 사용합니다. 친구에게 선물을 주는 것은 어떤 권력적 목적보다 "나를 멀리하지 마, 나와 친했으면 좋겠어"의 의미가 강합니다. 이러한 남녀 간에 차이는 사춘기 때에 분명하게 자리 잡습니다.

진화심리학의 관점에서 과거 남성은 서열이 높아야만 배우자와 후손을 얻어 안전하게 지킬 수 있었습니다. 하지만 여성은 남성이 사냥하러 마을을 비운 사이 자신과 아이들을 지켜야 했기 때문에 다른 여성들과의 공감과 협력(네트워킹)이 생존에 필수적이었습니다. 이런 오랜 역사로 말미암아 남녀의 감성 시스템에 차이가 생겼고, 서로의 단점을 보완하며 인류를 지탱해왔습니다.

이러한 관점을 증명할 수 있는 중요한 연구가 있습니다. 남녀가 받는 스트레스 차이를 알기 위해 참가자들에게 두 가지 상황을 주었습니다. 하나는 수학 문제를 풀어 그 점수대로 등수를 매기는 것이고, 다른 하나는 역할극에서 상대방에게 거절당하는 장면을 연기하는 것이었죠. 연구 결과 남자는 순위를 매기는 시험에 심한 스트레스 반응을 보인 반면, 여자는 거절당하는 연기 경험에 심한 스트레스 반응을 보였습니다. 이 실험이 말해주는 것은 '남자와 여자는 마음의 아킬레스건이 서로 다르다'는 거였죠. 그런데 사랑을 하고 결혼을 하다 보면 서로 사랑하니까 생각이나 감정이 나와 같을 거라는 착각을 합니다. 갈등은 거기서 시작됩니다. 갈등을 조금씩 풀어가기 위해선 여자와 남자의 감성 시스템이 서로 다르다는 걸 받아들이는 데서부터 시작해야 합니다.

반대가 끌리는 이유

사랑이 반드시 행복, 기쁨, 환희의 감정으로만 연결되는 건 아닙니다. 사랑이 떠날 수 있기 때문에 아프고, 질투로 인해 고통스럽고, 주변에 의해 사랑이 방해받을 때 그리움에 가슴앓이를 합니다. 그렇게 보면 사랑 자체가 모순된 감정들의 결정체가 아닐까 싶습니다. 행복하지만 불행한, 기쁘지만 슬픈 것처럼 말이죠. 김중식 시인의 작품 '모과'에는 이런 구절이 있습니다.

사랑이 고통일지라도 우리가 고통을 사랑하는 까닭은

고통을 사랑하지 않더라도 감내하는 까닭은

몸이 말라비틀어지고 영혼이 꺼멓게 탈진할수록

꽃피우지 못하는 모과가 꽃보다 지속적인 냄새를 피우기 때문이다.

꽃피우지 못하는 모과가

꽃보다 집요한 냄새를 피우기까지

우리의 사랑은 의지이다

태풍이 불어와도 떨어지지 않는 모과, 가느다란 가지 끝이라도

끝까지 물고 늘어지는 의지는 사랑이다.

시인은 모과가 아름다운 꽃보다 더 오랫동안 향기를 지속할 수 있는 비결이, 고통을 참아낸 덕분이라 말합니다. 고통스러워도 끝까지 물고 늘어지는 의지가 바로 사랑이며, 이런 사랑의 고통 덕분에 우리의 영혼도 성장한다고 말이죠.

사랑으로 비롯된 여러 가지 고통이 있지만, 사랑을 더욱 단단하게 만드는 것도 있습니다. 그건 바로 '반대'입니다. 셰익스피어 4대 비극 중 가장 유명한 작품인 '로미오와 줄리엣'이 대표적인 사례입니다. 가문의 반대가 심해질수록 그 둘의 사랑도 거세게 타오르는데요. 워낙 유명한 작품이라 이러한 현상을 '로미오와 줄리엣 효과'라 부릅니다. 심리학에서는 '로미오와 줄리엣 효과'를 인지부조화 때문으로 봅니다. 자신이 선택한 사랑을 누군가의 반대로 포기하게 된다면 자기 자신이 잘못된 결정을 했다는 걸 인정해야 하는데, 대부분의 사람들은 자신이 옳았다는 걸 증명하는 방향으로 마음이 움직입니다. 그래서 반대에 직면한 연인들은 뜨거운 사랑으로서 자신들의 옳음을 입증하려 합니다. 또 주변에서 자신의 결정이 잘못되었다고 할 때 분노의 감정이 생겨나는데요. 그런 흥분된 감정을 상대방을 사랑하는 정도의 증거로 해석하는 경향이 있습니다. 결국 반대가 격렬할수록 감정이 격해지고, 사랑을 지키고자 하는 마음도 격렬해지게 됩니다.

누군가 가정이 있는 사람과 연애를 하거나 이루어질 수 없는 사랑을 할 때 흔히 "너 미쳤니, 정신 차려"라는 식의 조언을 하게 되는데, 이러한 말은 당사자에게 그리 도움이 되지 않습니다. 위험한 사랑을 하는 분들은 양가감정, 그러니까 서로 다른 두 가지 마음을 동시에 가지고 있는데요. 안 되는 줄 알면서도 끌리는 마음과, 끌리지만 이 사랑을 계속하면 위험하다는 마음 모두를 가지고 있습니다. 하지만 누구라도 어느 한쪽을 강조해버리면 다른 마음이 청개구리처럼 튀어나오게 돼 있습니다. 그럴 때는 섣불리 판단하지 말고, 양쪽 마음 모두를 존중해주는 것이 좋습니다. 그럴수록 이성의 뇌가 작동해 어느 쪽을 선택하든 합리적으로 판단하는 데 도움이 될 것입니다.

호감을 얻는 법

사랑을 위한 첫 단계는 상대로부터 관심이나 좋은 감정을 얻는 겁니다. 하지만 그만큼 쉽지 않은 것이 호감을 얻는 것이죠.

절대적인 것은 아니지만 제가 하나 자신 있게 소개해드릴 호감을 얻는 방법이 있습니다. 그건 바로 경청인데요. 잘 듣는 것만으로도 공유할 수 있는 것들이 많아집니다. 누군가와 소통하기 위해선 공감 능력이 필요합니다. 아무리 매력이 넘쳐도 자기 이야기만 하는 상대와 만나고 싶은 사람은 세상에 없습니다. 상대의 가치관을 존중하는 마음으로, 상대방이 가장 흥미롭게 생각하는 걸 질문하고 대화를 나눌 때 둘 사이에 공감 회로가 연결됩니다.

상대에게 호감을 얻기 위해 자신을 무결점 이미지로 만들려 애쓰는 분들이 있습니다. 하지만 사실 연애는 서로 부족한 부분이 없으면 관계가 성립되지 않습니다. 상대에게 호감을 얻으려면 오히려 상대가 나를 볼 때 이해할 수 없는 부분이 있어야 합니다. 상대의 이해라는 틀 안에 완전히 들어가 버리면 오히려 연애 감정이 식어버리는 경우가 흔합니다. 다시 한번 더 만나고 싶은 사람이 되어야 하죠. 억지 신비감을 만들라는 얘기가 아닙니다. 세상에 완벽한 사람은 없기에. 완성된 모습을 보여주려 애쓸 필요 없이 있는 그대로를 보여주면 됩니다. 하지만 상대가 나의 완성된 모습을 바란다면, 그 관계는 오래가지 않을 겁니다. 사랑은 서로에게 부족한 부분을 알고 함께 성장시켜가는 과정을 즐겨야만 오래 지속될 수 있습니다.

조금 더 구체적으로, 호감이 가는 상대에게 다가가는 방법을 말씀드릴게요. 사람은 선택의 갈림길에서 마음의 부담이 적은 쪽을 택하는 경향이 있습니다. 데이트 신청을 할 때도 부담 없이 선택할 수 있도록 상황을 만들어주는 게 중요하죠. 가령 "내일 저와 데이트 하실래요?"라고 물을 때와 "내일 저와 영화 보러 가지 않을래요?"라고 물을 때, 상대가 느낄 부담의 차이는 달라집니다. 데이트는 특별한 관계임을 인정해야 성립하는 행위지만 영화를 보는 건 친구나 동료 관계에도 가능한 일이기 때문이죠. 이렇게 도망칠 구석, 심리적인 퇴로를 열어주는 게 중요합니다. 식사를 함께 하고자 할 때도 "내일 시간 있어요? 나랑 같이 식사할래요?"라고 묻는 것보다는 "회사 근처에 새로 오픈한 스파게티집이 맛있대요, 같이 가실래요?"라고 묻는 게 상대가 느낄 부담이 그나마 줄어듭니다. 그래도 상대가 부담스러워할 것 같다면 "새로 생긴 스파게티집이 맛있대요. 제가 스파게티를 좋아하는데 혼자 가기 쑥스러우니 같이 가주지 않을래요?"라고 부탁해보는 것도 좋습니다. 서로가 서로에게 첫눈에 반하는 천문학적인 확률을 제외하고, 만남이나 대화가 없으면 어떤 사이로도 발전할 수 없습니다. 상대에게 선택의 부담을 줄여주는 것, 기억해야 합니다. 이러한 노력들에도 전혀 반응이 없거나, 상대가 사적인 만남을 거절한다면 그분은 당신의 짝이 아닙니다.

사랑을 지속하기 위해

사랑은 초창기에 열정적인 경우가 많습니다. 큰 축복이라고 생각합니다. 열정적인 시기에 쌓아놓은 두툼한 추억들이 훗날 권태기가 찾아오거나 서로 간에 지쳐갈 때 그 관계를 지탱하는 자양분이 되기 때문입니다.

하지만 무엇보다 연애 초기부터 열정적인 사랑과 더불어 의지적 사랑이나 친밀한 사랑도 함께 키워가야 합니다. 열정적인 사랑이 화학 반응처럼 불꽃이 튀는 거라면, 의지적 사랑과 친밀한 사랑은 모두 노력으로 만들어 가는 것입니다. 의지적 사랑을 달리 말하면 헌신적 사랑인데요. 대단한 희생이 아니더라도 서로가 마음을 맞추기 위해 나를 조금씩 양보하는 것 자체가 의지적 사랑이라 할 수 있습니다. 내 마음이 힘들더라도 이 사람을 속상하게 만들지 않겠다는 다짐과 노력인 것이죠.

친밀한 사랑은 친구 같은 사랑입니다. 사랑을 주고받는 관계가 아닌, 마치 친구처럼 상대의 입장에서 생각해보고 공감하

는 것이죠. 사랑하는 사람이 얼마나 힘들까, 외로울까 하는 공
감으로 상대방의 마음을 괴롭히지 않는 것입니다. 주변에 오랜
기간 관계를 유지하고 있는, 그럼에도 서로에 대한 신뢰와 애정
이 두터운 분들은 친구처럼 친밀한 경향이 있습니다. 헌신과 공
감만큼 사랑의 온기를 유지시키는 것은 없습니다.

3장

'외로움'에 서툰 당신에게

외로움 유전자

    일생을 따라다니는, 절대 사라지지 않는 감정 하나를 이야기해보라면 바로 '외로움'이 아닐까 싶습니다. 외로움을 덜 느끼는 사람은 있어도, 외롭지 않은 사람은 단 한 명도 없을 겁니다. 어떤 감정은 변하기도 하고 막을 수도 있지만, 외로움이란 감정은 소나기처럼 갑자기 찾아와 마음을 무겁게 적십니다.

    아무리 따뜻한 환경에 있고 주변에 친구가 많아도 외로움을 느낄 수 있습니다. 외로움은 결코 채워지지 않는 마음의 허전함. 인간이라면 누구나 가지고 있는 자연스러운 감정입니다. 만약 우리가 외롭지 않았다면 사람들은 인간관계나 사회적 관계를 열심히 만들지 않았을 겁니다. 사람은 본질적으로 외롭기에, 누군가를 만나려 손을 뻗다 보니 사회란 게 생겼다고 주장하는 사회심리학자도 있습니다. 사람을 사회적 동물로 만들고 인간이 문화를 가질 수 있도록 한 핵심 감정이 바로 외로움인 셈이죠.

최근 연구에 따르면 '외로움 유전자'라는 게 있다고 합니다. 유전자가 완전히 동일한 일란성 쌍생아를 연구 대상으로 하였는데, 각기 다른 환경에서 성장했음에도 불구하고 똑같은 외로움을 느끼고 있었다고 합니다. 외로움이란 태어날 때부터 유전자에 코딩(Coding)되어 있는 감정이란 것이죠. 외로움을 잘 타는 유전자를 가진 사람이라면 같은 환경에서 다른 사람보다 더 많은 외로움을 느낄 겁니다.

이렇게 DNA에도 각인돼 있을 만큼 외로움은 우리 감정 깊숙이 자리 잡고 있습니다. 다만 외로움을 대하는 태도는 사람마다 다릅니다. "나는 유독 외로움을 많이 타는 편이야", "나는 외로움을 많이 타는 편이라서 옆에 누가 없으면 안 돼"라 생각하며 의존적인 경향을 보이는 사람이 있는가 하면, "외로움이란 걸 모르고 살았다" 할 정도로 주체성과 자립심이 강한 분도 있습니다.

외로움이란 감정을 다루는데 서툰 분들은 오로지 '다른 사람'을 통해 그 감정을 지우려 합니다. 제가 상담하면서 이런 얘기를 자주 듣는데요.

"사무치게 외로워서 외로움을 없애려고 연애를 시작했는데, 막상 연애를 해도 너무 외로워요. 내가 진짜 사랑하는 사람을 못 만나서 그런 걸까요?"

사실 외로움은 완전히 채워지지도, 감정이 일시적으로 사라졌다고 해서 그게 영원히 사라지는 것도 아닙니다. 배를 채우면 잠시 배고픔을 잊지만 몇 시간만 지나면 다시 배고파지는 것처럼 말이죠. 그래서 외로움을 없애기 위해 연애를 하는 건 기본 설정이 잘못된 것입니다. 연애를 안 해서 외로운 게 아니라 외롭기 때문에 연애를 하는 겁니다. 그리고 연애를 해도 근원적인 외로움은 완전히 사라지지 않습니다.

저 역시 상담을 하며 다른 사람을 만나고 교제하기를 권하기도 합니다. 그렇다 해도 외로움이 사라지는 건 아니라는 말과 함께요. 어쩌면 타인을 만나 교제하고 깊어진다는 건 외로움을 없애기 위해서가 아니라 '진짜 인생의 외로움과 쓸쓸함을 더 깊이 경험하기 위한 것'일지 모릅니다. 인생이라는 사막을 건널 때 홀로, 고독하게, 타박타박 걸어가야만 하는 순간이 반드시 있습니다. 사막을 완주하기 위해서라도 우리는 이 외로움이라는 감정과 친구가 되어야 합니다.

SNS 가운데서 외로움을 외치다

사람은 외롭기 때문에 늘 누군가와 연결되기를 원합니다. 그래서 모임을 만들거나 편지나 문자를 주고받죠. 지금은 기술이 발전해서 SNS(소셜네트워크서비스)를 통해 연결을 시도합니다. 자신의 일상이나 이야기를 SNS에 올리고, 거기에 반응하는 사람을 보며 혼자가 아님을 느끼죠.

그런데 SNS에 소비하는 시간과 외로움의 관계를 조사한 연구결과를 보면, SNS에 소비하는 시간이 늘어날수록 오히려 더 외로움을 느낀다고 합니다. 요즘은 '단톡방(다수의 사람이 대화를 나눌 수 있는 채팅창)'을 통해 수십 명과 실시간으로 만나 이야기를 나누는 데도 외롭다는 분들이 많습니다. 'ㅋㅋㅋ', 'ㅠㅠ'와 같은 다양한 기호를 사용하고 감정을 기발하게 표현해주는 최신 이모티콘을 사용해도, 실제 마주 앉아 서로 눈과 눈을 맞추고 표정을 읽으며 대화하는 만큼의 정서적 소통이 가능하긴 힘들기 때문이죠.

SNS에 지나치게 몰두하는 걸 정신의학에서는 일종의 '관계 중독'으로 봅니다. 관계중독은 과도하게 관계에 집착하게 되는 걸 말하는데, 관계망인 SNS에 접속하지 않으면 불안이나 초조 증상을 보이기도 합니다. 게다가 '좋아요'나 '댓글'같은 빠른 피드백에 만족감을 느끼다 보면 중독성은 더욱 높아지게 됩니다. 게다가 손쉽게 사람을 만날 수 있는 가상공간이 있다 보니, 진짜 사람을 만나 교제하는 시간이 줄어들게 됩니다. 외로움에서 벗어나기 위해 시작한 SNS가 다양한 시도를 할 기회마저 끊어버리는 것이죠.

스마트폰 중독 때문에 제 진료실을 찾는 분들도 늘어나는 추세입니다. 예전엔 부모님들이 "우리 애가, 하라는 공부는 안 하고 하루 종일 스마트폰만 만지작거린다"고 청소년기의 자녀분을 데려왔는데, 요즘은 30~40대, 중년층으로 확산되는 분위기입니다. 과거엔 스마트폰 중독을 게임에 지나치게 몰두하거나 기계에 집착하는 현상으로 생각했습니다. 하지만 근래에는 SNS에 대한 과도한 집착이 문제의 원인으로 꼽힙니다. 음식점에서 함께 음식을 먹고 있지만 각자 스마트폰만 들여다보는 풍경은 이제 익숙합니다. 음식 사진을 찍고 해시태그를 달아 SNS에 올리느라 정작 내 앞에 있는 실물 친구에게는 집중하지 못하죠. 내 앞의 사람에게 집중하지 못한다는 건 현재에 집중하지 못한다는 얘기입니다.

　스마트폰이 소통의 도구로 정착하다 보니, 실제 사람과 대화를 하거나 타인의 감정을 읽는 데 어려움을 느끼는 사람도 많아졌습니다. 메신저로는 대화를 잘 이어 가다가도 실제 만나면 제대로 된 말 한마디를 못하는 것이죠. 가족 간에도 각자 자신의 방에서 카톡으로 대화를 나눕니다. 외로움에 휘둘리지 않고 감정을 다스리기 위해선 자신만의 다양한 경험이 필요한데 스마트폰에 의존하다 보면 SNS를 켜는 것 말고는 다른 어떤 방법도 사용할 수 없게 됩니다.

　그렇다고 바쁜 현대 사회에서 효율적으로 사람과 사람을 연결해주는 디지털 기술을 나쁘다고만 볼 수는 없습니다. 다만 스마트폰이, SNS가 사람과 사람의 따뜻한 만남을 방해하고 있다면 그건 분명 문제일 겁니다. 디지털 세상을 선도한 미국 실리콘밸리에서는 최근 아이러니하게도 '단절하는 게 곧 연결'이란 슬로건을 내걸고 '디지털 다이어트'를 실천하는 운동을 벌이고 있습니다. 우리도 일주일에 한 시간, 한 달에 하루쯤은 스마트폰을 꺼두거나, 스마트폰 없이 친구를 만나는 '디지털 다이어트'의 날을 가져보면 어떨까요?

은퇴 증후군

직장인이라면 자신을 구성하는 정체성 중 '직장'이 커다란 부분을 차지할 것입니다. 일생의 반, 어쩌면 그 이상을 직함과 함께 불려왔기 때문이죠.

하지만 은퇴를 하고 나면 내 명함 앞에 붙은 직함은 사라지고 이름 석 자만 덩그러니 남게 됩니다. 그때 자신이 확 쪼그라드는 것처럼 느껴지고 극심한 외로움의 감정이 밀려오기도 합니다. 은퇴를 경험한 분 중엔 "내가 왕년에 누군지 알아? 내가 예전에 잘 나갔을 땐 말이야"를 외치는 분들이 많은데요. 그건 그때의 정체성을 여전히 잃어버리고 싶지 않은 마음과, 잃어버린 현실에 대한 울분과 분노 등이 포함되어 있는 겁니다.

은퇴 후 밀려오는 외로움, 거기서 파생된 슬픔이나 분노, 허무한 감정을 느끼는 현상을 '은퇴 증후군'이라고 합니다. 이 증후군은 독특하게도 은퇴 당사자와 배우자에게 다른 이유와 양상으로 동시에 찾아옵니다.

제가 만나 상담한 경우도 남편이 은퇴하고 난 뒤 부인이 병이 난 상황이었습니다. 이런 경우는 '은퇴 남편 증후군'이라고 하는데요. 일밖에 모르는 성실한 남편, 가정을 위해 희생한 고마운 남편이다 보니 존중하는 마음이 있어 부부로 살아오는 내내 큰 문제는 없었다고 합니다. 다만 남편이 너무 바쁘다 보니 대화가 적은 부부였죠. 남편이 일할 때, 아내는 주로 친구들과 만나 정서적인 면이나 외로움을 달래왔는데요. 그러다 남편이 은퇴하고 집에 온종일 같이 있다 보니 낯선 사람과 있는 것처럼 불편하고 외로워지더라는 겁니다.

안타깝게도 남성이 은퇴 증후군을 겪게 되면 아내에게 감정적으로 의지하려는 경향이 강해져 계속 같이 있으려 합니다. 그럴수록 아내의 부담도 덩달아 커지게 되는데요. 집에 혼자 있는 남편이 마음에 걸려서 외출도 줄이게 돼 정서적 교류 상대가 사라지고, 평소 간단하게 처리하던 식사를 하루 세끼 차려야 하다 보니 밥때가 가장 고통스러운 시간이 됩니다. 평생 가정을 위해 열심히 일한 남편에게 내가 이래도 되나 하는 죄책감을 느끼면서 동시에 갑갑해지니까 부부갈등이 증폭되는 겁니다. 최근 황혼이혼이 늘어나는 것도 은퇴 증후군과 은퇴 남편 증후군이 주요한 요인으로 작용합니다.

은퇴한 남편을 지켜본 한 여성분은 "남편이 자신이 없으면 엄마와 난생처음 떨어져 유치원에 가는 아이처럼 불안해한다"고 합니다. 왜 이런 현상이 일어날까 살펴보면 은퇴 후 심리적 후유증이 큰 사람일수록 그동안 집보다는 직장과 같은 외부에 생활의 중심을 둔 경우가 많습니다. 그러다 보니 갑자기 늘어난 여가 시간에 대한 노하우가 부족하고, 가족과의 유대감 또한 형성되어 있지 않은 것이죠. 아내와 자녀들은 외로움을 처리하는 자신들만의 방법을 구축했지만, 남편은 세상 그 누구보다 외로움이란 감정에 서툰 사람이 된 것입니다.

은퇴자들을 대상으로 조사한 결과, 하루 평균 텔레비전 시청시간이 4~5시간이라고 합니다. 하루 중 깨어있는 시간의 3분의 1을 텔레비전 앞에서 보내다 보니 은퇴한 남편을 일컬어 '공포의 거실남'이라는 말까지 나올 정도죠. 이러한 갈등을 해결하기 위해선 은퇴자분의 마음부터 변해야 합니다. 남편이 일에 매진할 때, 아내 역시 가사 활동을 하며 대외적으로 친구들과 정서적인 교감을 나누며 외로움을 달랬던 것을 인정하고, 아내의 시간을 존중하는 자세가 필요합니다.

은퇴를 준비하는 분이라면 지금부터라도 일 중심에서 탈피해 외로움을 다루는 자신만의 방법을 찾아야 합니다. 자원봉사나 취미활동, 인간관계를 넓히는 노력들이 필요한 것이죠. 아내에게 일방적으로 의존한다고 해서 외로움이 사라지지 않는다는 걸 명심해야 합니다.

   또한 노후를 위해 경제적인 준비를 하는 것처럼 '좋은 부부 관계'를 위한 '관계 재테크'도 해야 합니다. 평소 대화가 많고 함께 하는 활동이 많은 부부일수록 은퇴 후에도 행복한 관계를 지속할 확률이 높습니다. 부부가 함께 할 수 있는 공동의 취미나 종교활동, 운동 같은 걸 은퇴 전에 미리 만들어 보는 것도 좋은 방법이 될 겁니다. 누군가와 외로움을 공유하는데도 일종의 마일리지가 필요하답니다.

외로움과 고독의 차이

예전에 음악다방이란 게 성행했던 시절이 있었습니다. 저는 고등학교를 대구에서 다녔는데 대구 동성로에 마지막으로 남은 유명한 음악다방이 있었죠. 라디오 진행자가 뮤직박스 안에서 직접 사연과 신청 곡을 틀어주고 준비한 멘트도 들려주곤 했는데요. 그때 디제이분이 '고독과 외로움'의 차이에 대해 말했던 게 지금까지도 기억에 남아 있습니다.

그는 '외로움'과 '고독'이 같은 것 같지만 분명히 다르다고 강조하더군요. 영어로 외로움은 'Loneliness', 고독은 'Solitude'인데 모두 혼자라는 의미이지만 외로움은 상대방을 전제로 한 감정이고, 고독은 상대와 상관없이 오롯이 내가 나를 마주한 감정이라고 했습니다.

그렇게 세월이 흘러 다시 외로움과 고독에 대해 생각해보았습니다. 그러다 독일의 종교철학자 폴 틸리히를 알게 되었는데요. 그는 1952년 저서 『존재의 용기』에서 고독을 외로움과 구별해 정의해두었더군요. 외로움이 혼자 있는 고통을 표현하기 위한 말이라면, 고독이란 혼자 있는 즐거움을 표현하기 위한 말이라고요. 즉 외로움이 누군가 곁에 없어서 '불안'한 상태라면, 고독은 상대가 없어도 혼자 있는 게 '자유로운' 상태라는 것이죠. 그런 점에서 고독은 잘 다스리면 내적으로 성장하는 데 도움이 될 겁니다.

지금 당신은 외로운가요? 아니면 고독한가요?

어쩌면 외로운 상태라 느꼈던 감정을 고독의 상태인 것으로 관점을 바꿔 본다면, 나만이 누릴 수 있는 진정한 자유를 만끽할 수 있지 않을까 하는 재밌는 생각을 해봅니다.

고독의 부작용

우선 '고독사(孤獨死)'란 말은 폴 틸리히의 정의와 일치하지 않는 면이 있습니다. 그의 정의대로라면 고독사는 외로움으로 인한 결과일 테니까요.

우리나라는 개인이 '혼자 있는 즐거움', 다시 말해 고독의 긍정적 효과를 누리기엔 사회적으로 열악한 부분이 많습니다. 건강한 사회라면 나이나 직업 유무에 상관없이 촘촘하게 짜여진 사회 관계망으로 쉽게 사람을 만나 소통하고 간편하게 공적 서비스를 이용할 수 있어야 하지만, 우리 사회가 그 정도에는 이르지 못한 것이죠. 그러한 영향 때문일까요. 최근에는 노년층에서 중장년층, 청년층까지 고독사가 확대되고 있다고 합니다. 그런 의미에서 고독사는 '고립사'라 부르는 것이 일견 타당할 것입니다.

영국의 한 방송사에서 '독방에서(In Solitary)'라는 프로그램을 방영한 적이 있습니다. 다섯 명의 참가자를 5일 동안 독방에 가두고 CCTV로 관찰하는 내용이었는데요. TV나 스마트폰 같은 전자기기는 사용할 수 없는 게 규칙이었습니다. 한 참가자의 지원동기가 인상적이었는데 "그동안 너무 바쁘게 살아와서 탈진한 것 같다, 혼자만의 시간을 보내면서 힐링하고 싶다"는 거였습니다. 그런데 해당 참가자가 독방에 갇힌 지 3일째 되는 날 구토와 혼잣말을 하는 등 이상증세를 보였습니다. 결국 참가자 전원이 중도에 포기했고 우울증 같은 후유증을 보이기도 했습니다. 심리학에서는 이런 환경을 '감각 박탈'이라고 부릅니다. 고독사에 이르기 직전의 삶이란 게, 대부분 아무도 찾지 않는 빈집에 장기간 홀로 지내는 경우가 많은데 이런 상황은 캄캄한 독방에서 고문을 당하거나, 무너진 갱도에 갇힌 광부의 상태와 거의 같았을 겁니다. 공동체에서 벗어나 타인과의 관계가 차단되면 감각 박탈 상태가 되는데, 자기 판단력이 흐려지고 무기력, 우울증에 빠지게 됩니다. 극단적 선택을 감행할 만큼 심리적으로나 육체적으로 심각한 위험에 처하게 되는 것이죠.

고독사가 안타까운 건 단 한 명의 보호자나 이야기 상대가 있었다면 발생하지 않았을 수 있다는 겁니다. 소외계층에 대한 사회적 안전망을 갖추는 건 기본이거니와, 타인의 외로움을 헤아리고 사회적 약자까지도 구성원으로 품는 성숙한 시민 의식이 필요합니다. 그리고 외로움과 고독을 느끼는 자신 스스로가 용기를 내어 타인과 사회와 연결되기 위해 노력을 기울인다면 고독으로 인한 죽음을 현저히 줄일 수 있을 것입니다.

외로움도 잘만 쓴다면

　　외로움도 잘만 쓴다면 약이 될 수 있습니다. 외로움은 일종의 통증인데 긍정적으로 작용하기도 합니다. 외로움을 많이 느낀다는 건 그만큼 사회적 유대감에 대한 욕구가 많다는 이야기인데요. 또 덜 외로운 사람에 비해 외로운 사람들은 정서지수(EQ)가 발달한 경우가 많은데, 그건 다른 사람의 반응을 잘 파악하고 세심하며, 공감하는 능력이 뛰어남을 뜻합니다. 결국 외로움이 사회적 인간으로서 잘 기능할 수 있도록 도움을 주는 셈이죠.

　　외로움은 사랑을 하게끔 하는 동기 에너지를 제공하기도 합니다. 외로움이 있기 때문에 사람들이 사랑을 하는 거라고 생각해요. 또 역사적으로 예술(Art)은 외로움을 먹고 자랐습니다. 예술은 외로운 내면과 직면해야 가능한 일이니까요. 사실 사람들의 평균적인 기분 상태는 편안하고 안정된 상태가 아니라, 약간 우울한 상태에 가깝습니다. 왜냐하면 인생의 본질이 우울이나 외로움에 더 가깝기 때문이죠. 계절에도 가을과 겨울이 있듯이 우리는 살면서 사랑하는 사람들을 떠나보내고, 언젠가는 나 자신도 세상과 이별해야 하는 순간이 옵니다. 그렇기 때문에 외로움은 생의 본질을 이해하기 위해 꼭 필요한 감정입니다. 20대의 젊은 무명 시인 릴케가 인생의 최고 정점에 선 60대의 위대한 조각가를 만나서 쓴 '로댕론'에는 이런 문구가 나옵니다.

> 로댕은 무명시절에는 참으로 고독했지만 유명해지고 나서는 더욱 고독했다. 명성이란 결국 하나의 새로운 이름 주위로 몰려드는 모든 오해들의 총합에 지나지 않기 때문이다. 로댕은 벌써 알았던 것이다. 우는 발이 있다는 것을, 완전한 한 인간을 넘어서 울음은 어디에나 있다는 것을, 모든 땀구멍에서 솟아나는 엄청난 눈물이 있다는 것을.

외로움이 긍정적인 영향을 주기도 하지만 맞닥뜨릴 때마다 매번 낯선 느낌이 드는 건 사실입니다. 그런 감정을 다루는 데 조금 도움을 드린다면, 억지로 기분을 좋게 만드는 것보다 차라리 우울한 노래를 듣거나 슬픈 영화를 보며 외로운 기분을 더 깊이 느껴보는 겁니다. 우울한 문화예술 콘텐츠에 공감하면 역설적으로 긍정적인 감정이 생기기도 합니다. 심리적으로 '인생 별거 있나, 다 거기서 거기지'라는 걸 느끼게 해준다는 거죠. 왜 내 사랑만 우울하지, 나만 실패한 건가 하는 느낌에 빠졌을 때

'나만 외로운 게 아니구나' 하며 한 발짝 떨어져서 볼 수 있는 여유가 생깁니다. '원래 사람은 다 외로운 거구나' 하는 묘한 공감이 힘든 상황에서 도리어 힘이 나는 긍정성의 효과를 가져다줄 겁니다. 하지만 머리로만, 논리적으로만 이해해서는 절대 효과를 볼 수 없습니다. 감성적으로 젖어 들어 교감이 이뤄져야 가능합니다.

우리가 인생에서 겪게 되는 온갖 일들을 큰 무리 없이 받아들이고 자율성이나 정체성을 튼튼하게 구축하려면 혼자만의 시간, 고독의 시간이 반드시 필요합니다. 고독과 외로움을 없애거나 채우려 하는 것보단 쿨하게 그것을 있는 그대로 받아들이는 자세가 필요하죠. 무엇보다 내 외로움을 만족시키기 위해 사람들을 사귀는 것보다, 외로운 상대방을 위로하기 위해 내가 손을 뻗을 때 오히려 외로움이 저만치 물러나 있는 것을 느낄 수 있을 겁니다.

4장

'화'에 서툰 당신에게

현대 사회는 '분노 사회'라 불러도 될 만큼 분노로 인한 현상, 사건이 만연합니다. 정신건강의학회에 따르면 국내 성인의 절반 이상이 분노 조절에 어려움을 겪고 있고 10명 중 1명은 치료가 필요한 상황이라고 합니다. 진료실에 저를 찾아오시는 분 중에는 욱해서 보복 운전이나 데이트폭력을 저지른 분, 술만 마시면 유독 경찰에게 시비를 걸어 가중처벌을 받은 분, 아이들에게 감정적으로 화풀이하는 엄마까지. 화라는 감정을 처리하는데 서툴러 어려움을 겪고 있는 분들이 정말 많습니다.

'화병'이라고 들어보셨을 겁니다. 화병은 억눌린 화, 분노와 같은 감정이 신체적 증상으로 나타나는 걸 뜻합니다. 가슴이 답답하고 열이 오르고 우울감 등의 증상을 보이죠. 화병은 전 세계 정신과 의사들이 진단기준으로 삼는 책에도 실려 있는 한국 특유의 정신증후군입니다. 화라는 감정은 표현하지 않으면 자신이 피해자라는 생각에 상대를 원망하게 됩니다. 원망은 증오가 되어 더욱 공격적인 감정을 낳을 위험이 있습니다.

화라는 건 사람에게 있어 '자연 스런' 감정입니다. 기쁨, 슬픔, 즐거움과 마찬가지로 희로애락의 감정 중 하나죠. 그래서 화라는 감정 자체는 좋은 것도, 나쁜 것도 아닙니다. 화라는 감정은 '나의 마음에 뭔가 문제가 생겼다, 뭔가 잘못됐다'는 신호입니다. 때문에 화를 무작정 억누르고 없애는 것은 화를 더욱 키우는 꼴이 됩니다.

우리나라에선 유독 '술'로 인한 사건사고가 많이 일어납니다. 술을 마신 상태에서 시비가 붙거나 극단적으로 살인을 저지르는 경우까지 있습니다. 상대방과의 불화가 원인일 수 있으나, 당사자의 기저에는 화라는 감정이 두텁게 깔린 상태에서 술이 폭발의 방아쇠를 당겼을 가능성이 높습니다. 화가 쌓여 더이상 담을 여유 공간이 없는 상태에서 술을 마시면 안전핀이 뽑힌 폭탄이 됩니다. 분노 조절에 가장 중요한 역할을 하는 전두엽이 평소에 겨우 화를 통제하고 있었는데, 술에 취하면 전두엽도 같이 취해버립니다. 더이상 화를 억누르지 못하니 다이너마이트가 되는 거죠. 이런 현상이 반복된다면 단지 실수나 술버릇이 아닙니다.

운전대만 잡으면 화가 난다고 말하는 운전자분들이 많습니다. 화라는 감정이 생겨나는 데서 그치는 것이 아니라 물리적 위해를 가하는 대표적인 사례가 바로 '보복 운전'입니다. 보복 운전은 심각한 사회적 문제가 되어 처벌 또한 강화되었습니다. 보복운전은 운전 시 예측하지 못한 상대의 행동을 '위협' 내지 '공격'으로 인식하는 데서 비롯됩니다. 이러한 반응체계는 동물의 대처방식과 같습니다. 산책하던 반려견이 다른 동물과 마주쳤을 때 순식간에 으르렁거리고 달려드는 모습을 보신 적 있을 겁니다. 이것이 동물의 뇌가 위협에 대처하는 방식입니다. 보복 운전을 하는 사람은 위협이 닥치면 동물처럼 '싸우기 방어기제'가 작동합니다. 이성적으로 생각하고 판단하기보다 '눈에는 눈 이에는 이'식으로 나도 똑같이 위협을 가하는 것이죠.

그런데 왜 하필 운전할 때 더 심하게 욱하는 걸까요. 평상시에는 이름과 얼굴을 드러내고 다니기에 체면 때문에라도 화를 억누르는 자제력이 발동합니다. 하지만 자동차 내부는 외부와 단절된 공간, 익명의 공간이죠. 단단한 철갑옷을 두른 자동차를 조종하는 자신이 마치 파워레인저나 트랜스포머가 된 것 같은 심리적 착각에 빠질 수 있습니다. 그렇기 때문에 도로에서 만나는 상황은, 사람 대 사람으로 만나는 게 아니라 심리적으로는 익명의 공간에서 변신합체 로봇끼리 만나는 상황이 되어버리는 것이죠. 사소한 마찰에도 내 영역을 침범당하고 공격당하는 것으로 느끼게 되는데 얼굴이 드러나지 않으니 더욱 쉽게 화를 표출합니다.

우리는 쉽게 '술이 웬수다', '로드레이지(Road Rage)°'라는 말을 씁니다. 거기엔 "평소에는 그러지 않던 사람이"라는 말이 따라 붙죠. 하지만 엄밀히 따지면 술도, 도로도 잘못이 없습니다. 1차적 원인이 아니라는 것이죠. 화를 잘 다스리려면 자신에게 아직 해소되지 않은 화가 어떤 수위에 있는지, 상대 혹은 나에게서 화라는 감정이 나타나는 근본 원인은 무엇인지, 어떻게 하면 화를 진정시킬 수 있는지를 알아야 합니다. 그것이 우리가 분노의 노예가 되지 않도록 해주는 가장 근본적인 방법일 겁니다.

° 로드레이지_ 운전 중에 치미는 분노를 참지 못하고 난폭한 말과 행동을 하며 다른 운전자를 방해, 위협, 공격하는 일

화가 나는 이유는 상대방의 태도나 말 때문이 아니라 나의 심리적인 문제에서 비롯되는 경우가 대부분입니다. 많은 사람들은 상대가 나를 사랑해주고 인정해주고 이해해주길 바랍니다. 그런데 이러한 기대가 깨질 때 순식간에 화라는 감정이 만들어집니다. 화라는 감정이 생겨날 수 있지만 문제는 화의 책임을 상대방에게 돌리고 원망하며 분노에 가까운 화를 표출한다는 겁니다. '나는 억울한 피해자고 모든 게 너 때문이야'와 같은 논리가 분노 조절에 어려움을 겪는 사람들의 기본적인 사고방식입니다.

'특정 말이나 상황, 행동'에 심한 분노 반응을 보이는 사람이 있습니다. 이런 분의 무의식에는 아직 해소되지 않은 화가 오랫동안 자리 잡고 있었을 가능성이 높습니다. 이것을 '묵은 화'라고도 부르는데요. 마음의 묵은 화나 상처, 울분은 도화선 역할을 해 사소한 말 한마디에도 쉽게 분노라는 불이 붙습니다. 이런 경우에는 내 안의 다른 존재가 화를 조종하고 있는 건 아닐지 생각해 봐야 합니다. 마음속에 분노가 있는 사람은 그 지점에서 심리적 성장이 멈춰 있을 확률이 높습니다. 그래서 어린 시절의 상처가 있는 건 아닌지, 세월에 따라 나이가 들고 몸은 자랐지만 마음은 상처받은 그 시절에 머물러 있는 건 아닌지 살펴봐야 합니다. 이걸 심리학에서는 '내면 아이'라고 부르는데요, 어린 시절에 상처받은 내면 아이는 시간이 흘러도 그 모습 그 상처 그대로 우리 안에 깊숙이 자리 잡고 있습니다. 수십 년 동안 마음에 잠재된 내면 아이가 누군가의 말이나 태도에 자극을 받으면 강렬한 분노로 나타나게 됩니다.

이미 마음 그릇이 화라는 감정으로 가득 채워진 사람은 결코 화를 낼 만한 상황이 아닌데, 사소한 자극에도 욱하곤 합니다. 중요한 건 자주 '욱'하다 보면 신경계통이 변하게 됩니다. 사람의 몸속 신경회로는 지하철이나 버스 노선과 비슷해 늘 가던 길로만 다니게 되어 있습니다. 그런데 화를 습관적으로 내게 되면 '분노 중독'이란 새로운 노선이 만들어집니다. 분노 중독 노선이 생겨나면 화가 나서 뚜껑이 열릴 때 브레이크 역할을 해주는 전두엽을 거치지 않게 되어 그 부분이 녹슬게 됩니다. 전두엽은 '그렇게 화낼 일 아니잖아, 차분히 다시 생각해봐'처럼 이성적인 판단과 화의 조절을 도와주는 부분인데 여기에 문제가 생기는 것이죠. 뿐만 아니라 화를 낼 상황인지 아닌지를 판단하는 감지 장치가 아주 민감해져서 사소한 자극에도 쉽게 폭발하는 성격으로 점점 변화합니다.

　화를 어떻게 표현하고 처리하느냐에 따라 우리 몸과 감정의 회로까지 바뀌어 버릴 수 있다는 건 놀라운 일입니다. 나의 성장을 위해, 또는 누군가의 성장을 돕고 싶다면 먼저 분노의 근원을 찾아, 거기에 맞게 화라는 감정을 표현할 수 있어야 합니다. 그런데 화라는 감정이 발생하는 이유는 사람 수만큼 다양하겠지만, 어떠한 행동에는 화라는 감정이 그 근원에 있다는 걸 잘 눈치채지 못하는 경우가 있습니다.
　'위장 분노'처럼 말이죠.

위장 분노

화라는 감정은 사람을 괴수의 모습으로 만들지만, 의외로 천사의 모습을 하고 타인을 고통스럽게 만들기도 합니다.

저는 상담할 때 너무 천사처럼 보이는 사람을 경계하라는 말씀을 드립니다. 세상에 호인(好人)으로 알려진 사람, 화를 낼줄 모르고 모두에게 친절한 사람은 내면에 분노나 화, 공격성 같은 면을 꾹꾹 눌러 놓았을 가능성이 높습니다. 천사 같은 면만 보여주는 사람과 만나다 보면 당황스러운 상황과 마주하게 되기도 하는데요. 누르고 누르던 화가 기어코 폭발했을 때 내가 평소 알던 사람이 맞나 할 정도로 크게 폭발하거나 돌변하기 때문입니다.

화라는 감정, 분노라는 감정은 가면을 쓰고 위장한 채 나타나기도 합니다. 겉보기엔 좋은 사람인데, 다들 좋은 사람이라고 하는데, 만나면 뭔가 불편하고 뒤끝이 찝찝하고 거북하게 느껴지는 사람이 있습니다. 가령 잘나가는 친구를 은근히 시기하고 질투하는 경우, 친구와 약속 해놓고 실수로 잊어버리는 식으로 골탕을 먹이는 사례가 있는데요. 사실은 실수가 아니라 화, 분노의 감정이 위장해서 나타나는 경우라고 볼 수 있습니다.

위장 분노의 대표적인 사례는 의처증이나 의부증입니다. 저에게는 의처증, 의부증으로 고통받는 배우자분들이 주로 치료를 받으러 오십니다. 이분들의 얘기에는 한가지 공통점이 있는데요. 연애할 때 상대가 너무 잘해줬다는 겁니다. 친구를 만나거나 이성 친구와 연락하는 걸 굉장히 싫어했지만 나를 정말 많이 좋아해서 하는 질투 정도로만 생각하고 결혼을 했는데, 결혼 후 태도가 돌변했다는 것이죠. 배우자의 외도를 끊임없이 의심, 통제하고 연애 때와 다른 거친 모습을 보이는데, 사소한 행동을 꼬투리 잡아 의심하고 외도의 증거로 몰아붙이니 아예 의심의 여지를 없애기 위해 친구와 연락을 끊고 고립돼 지내는 경우가 많다고 합니다. 그러다 아주 가끔 외출을 하면 감시당하는 기분이 들고 의심받을지 모른다는 불안감과 우울감으로 고통을 겪습니다. 이러한 경우 자신이 의심을 살만한 행동을 했는지 점검하거나 우울한 자신을 탓하기보다는 상대가 의심하고 통제하는 원인이 무엇인지를 알아야 합니다. 그 핵심은 상대가 가진 '열등감' 때문이라는 걸 말이죠. 그들은 자신의 배우자가 누군가와 연락하거나 외출을 하면 내 소유물을 뺏기고 자신의 영역을 침범당한 것 같은 '강한 분노'의 감정을 느낍니다. 그 분노가 '의심과 통제'와 같은 위장된 형태로 나타나는 겁니다.

감정을 직접적으로 드러내지 않으니 단지 과한 애정표현으로, 실수로 여기기 쉽습니다. 하지만 이러한 행동에는 분노가 숨겨져 있다는 걸, 언제든 공격의 형태로 드러날 수 있다는 걸 서로가 명심해야 합니다. 배우자의 사회생활을 싫어하고 방해하는 분이 있다면 그 속에 화나 분노의 감정이 자리 잡고 있는 것은 아닌지 살펴봐야 합니다. 연인 관계에서뿐만 아니라 위장 분노는 일상에서 흔히 나타나는데 '상대에게 중요한 것을 잃어버리거나, 잊어버리는 것, 꾸물거리며 지연시키는 수법'이 주로 쓰입니다. 약속 시각을 잊어버린 척해 일부러 기다리게 만든다거나, 발표용 보고서를 늦게 줘 상대가 예행연습도 못 한 채 단상에 올라가게 만듭니다. 또 상대의 가치를 인정하지 않는 식으로 분노를 간접적으로 표출하는 경우도 흔한데요. 가령 "우리 아들이 일류대학에 합격했다"고 말하는 이웃에게 일단 "축하한다"고 말한 뒤, "요즘은 예전보다 대학 가기 쉬워졌다고 하던데요, 요즘은 일류대학 나왔다고 좋은 회사에 취직할 수 있는 것도 아니라던데"라고 하는 식으로 말이죠.

우리 주위에는 화내는 걸 두려워하는 분들이 많습니다. 예로부터 우리나라는 '화'라는 감정을 참는 걸 미덕으로 여겼습니다. 시집가는 딸에게 혹은 시집온 며느리에게 "귀머거리 삼 년, 벙어리 삼 년"이라고 하며 '들어도 못 들은 척, 억울해도 참아야 한다'고 가르쳤습니다. 또한 현대 사회에서는 화나는 감정을 표현하면 불화를 조장한다는 고정관념이 있으니 감정을 드러내지 않게 되는데요. 그런 방식은 단기적으로 평화로울지 모르나, 결국 위장 분노와 같은 왜곡된 결과를 가져옵니다.

상대방이 보이는 의문스러운 행동의 밑바탕에 분노가 깔려있다는 걸 알게 된다면 감정적으로 대처하는 상황은 현저히 줄게 될 것입니다. 그리고 만약 나 자신이 분노를 위장된 형태로 표출하고 있다면 그 내면의 이유 또한 내밀히 들여다보아야 할 겁니다.

화만이 목적이다

　　최근 악성 고객으로 인한 감정 노동자들의 정신적 고통이
증가하고 있습니다. 악성 고객이라면 아주 별난 사람일 것 같
지만 평소 인격자라는 말을 듣는 사람도 있습니다. 이런 분들은
'나는 고객이고 고객은 왕이다, 그러니 어떤 행동도 정당하다'는
왜곡된 가치관을 갖고 죄책감 없이 자신의 분노를 마구 내뱉죠.
어떤 내용을 가지고 화를 내는 경우도 있지만 화를 내는 것 자체
를 목적으로 삼는 사람도 있습니다. 자신의 억눌린 화를 민원을
핑계 삼아 표출하는 것인데 그 순간에는 공감 능력이 제로 상태
가 됩니다.

　　악성 고객들은 대개 직원의 말투를 꼬투리 잡아 화를 내는
사례가 많은데요. 특유의 레퍼토리가 있습니다.

　　"너 나 무시해!"

　　이 말은 자신의 정체성이 흔들릴 때 나오는 분노 반응입니
다. 여기엔 '왜 나를 제대로 인정해주지 않느냐, 나 아직 살아

있어, 내 가치를 인정해줘'라는 의미가 내포되고 있죠. 누군가 나의 가치를 인정해주지 않는다는, 존재감이 희박해진다는 두려움을 느낄 때 이 두려움은 곧장 분노로 바뀝니다. 감정 노동자가 민원인의 정체성을 흔드는 경우는 매우 드물죠. 악성 고객은 사실 자신의 열등감이나 가족과의 갈등, 회사에서 당하는 불이익 등 여러 울화를 민원을 핑계로 엉뚱한 사람에게 화풀이를 하는 겁니다.

이 세상의 모든 '갑질'에는 심리적 메커니즘이 존재합니다. 동력은 열등감입니다. 나를 알아달라는 허약한 자존감이 숨어 있죠. 그런데 이러한 열등감은 아무 데서나 폭발하지 않습니다. 분풀이할 대상이 있어야 하고, 함부로 화풀이를 해도 뒤탈이 없을 거라는 판단이 섰을 때 분노를 표출합니다. 이러한 행동은 한두 번이 아니라 수없이 되풀이해온 경험에서 비롯됩니다. '화풀이를 해도 먹히네? 분풀이 대상으로 삼아도 전혀 뒤탈이 없네?' 그런 원리와 경험이 축적되면서 갑질이 일상화되는 것이죠.

상대가 무차별적으로 화를 내고 막말을 하면 당하는 사람은 얼어붙어 버립니다. 인간이 위험에 처했을 때 맞서 싸우거나 도망가는 방어기제가 있는데, 이런 방법이 실패할 때 마지막으로 사용하는 방어기제가 '얼어붙기'입니다. 직원 입장에서는 싸우거나 피할 수 없기 때문에 얼어붙은 채 일방적으로 당하는 사례가 많습니다. 그럴 때는 화가 난 사람과 감정적인 거리를 유지할 필요가 있습니다. 그들은 민원 내용보다 화를 내는 자체가 중요한 목적이기 때문에 민원 내용을 중심으로 성실히 응대해도 소용이 없습니다. 가끔 상담을 하다 보면 "그래도 계속 친절하게 대하면, 그들도 우리와 똑같은 사람인데 결국에는 진심을 알아주지 않을까요?"라고 이야기하는 분이 있습니다. 다시 한 번 말하지만 악성 고객은 화를 내는 순간부터 공감 능력이 제로가 됩니다.

상대의 화가 누그러지지 않고 화를 내는 자체에 목적이 있을 때에는 상대를 진정시키기 위해 애쓸 필요가 없습니다. 차라리 '공감 수도꼭지'를 잠가 버리는 게 현명합니다. 공감의 정서가 흐르는 수도꼭지를 잠근다는 건 심리적인 적정 거리를 유지하는 걸 뜻합니다. 구체적으로 말하자면, 기분 나쁜 영화 한 편 본 것처럼 여기는 거죠. 지금 나에게 쏟아지는 화와 폭언을 불쾌한 영화에 등장하는 대사처럼 여기면서, 나는 영화의 주인공이 아니라 관객이라고 생각하는 겁니다. 상대의 분노가 영화에 등장하게 놔두는 것인데, 가만히 내버려 두면 불쾌한 영화라도 결국 엔딩이 있습니다. 나는 그저 물끄러미 바라만 보면서 '별

싱거운 사람 다 있네, 괜히 엉뚱한 데 화풀이하는 불쌍한 사람이군' 정도로 생각하면 되는 거죠. 또 제가 가끔 사용하는 방법인데요. 상대를 만화 캐릭터로 상상하는 겁니다. 상대가 화내는 동안 나는 도널드덕이 뒤뚱뒤뚱 걸으며 꽥꽥거린다는 상상을 합니다. 그러면 상대는 분노를 폭발하지만 저는 슬그머니 웃음이 납니다.

다만 이러한 방법은 화내는 것 자체가 목적인 사람에게만 써야 합니다. 나 자신을 보호하기 위해 말이죠.

현명하게 화내기 전에 먼저 짚고 넘어갈 게 있습니다.

화가 나는 감정과 화를 표출하는 행동은 엄연히 다르다.

흔히 사람들은 화가 난 감정이 아니라, 말이나 행동으로 표출되는 화난 행동을 화로 착각하곤 합니다. 그래서 화 자체가 나쁘고 위험하고 부정적인 것으로 오해하는 것이죠. 화가 나는 감정 자체는 정당하고 자연스러운 겁니다. '아, 내가 화가 났구나'라고 감정을 깨닫고 수용하는 것만으로도 감정 조절에 절반은 성공한 겁니다. 분노가 타올라서 폭발해버리면 불길을 잡기 어려운 데요. 감정이 조금씩 오르는 단계에서 미리 알아차리면 이성적인 뇌가 작동하기 때문에 불길을 쉽게 잡을 수 있습니다.

뿐만 아니라 '감정'과 '행동'을 구분해보면 화라는 감정도 통제 가능한 대상이 됩니다. 화라는 감정을 적절하게 표현하는 사람 대부분은 자신에게 화라는 감정이 생겨났다는 것을 빨리 알아차립니다. 감정을 빨리 읽을 수 있으면 '내가 지금 화를 내는 게 정당한가?', '엉뚱한 사람에게 화를 내는 건 아닌가?', '어떻게 표현해야 서로에게 좋을까'라고 생각해볼 수 있는데요. 이러한 과정을 거치는 것 자체가 감정이 행동으로 폭발하지 못하게 브레이크 작용을 해줍니다.

이렇게 마음에 브레이크가 걸렸다면 화라는 감정이 발화된 원인을 찾아야 잘 대처할 수 있습니다. 살다 보면 큰소리로 고함부터 지르는 사람을 만날 때가 있는데요. 이런 분들은 대개 자신의 나약함을 큰소리로 감추려 합니다. 그럴 때는 '이 사람은 자신감이 없는 사람이구나'라고 생각하면 침착해질 수 있습니다. 고함지르는 상대일수록 평소 목소리로 차분하게 얘기해야 합니다. 병원에서도 가끔 고함을 지르는 분들이 있습니다. 저는 그럴 때 "화가 많이 나신 것 같은데, 왜 화가 났는지 천천히 말씀해 주시면 제가 잘 듣겠습니다"라고 말합니다. 이렇게 말씀드리면 대다수는 차츰 이성을 찾게 됩니다.

그럼에도 화가 가라앉지 않고 폭발하기 직전의 상황이라면, 일단 잠시 그 자리를 피해야 합니다. '타임아웃'이라고 하죠. "10분 후에 다시 얘기하자" 정도로 말하고 잠시 시간을 가지며 서로 화가 난 이유가 뭔지 생각해 보는 것만으로도 도움이 됩니다. 이 방법은 과학적으로도 효과가 증명되었는데, 화가 나면 방출되는 분노 호르몬은 15초면 정점을 찍고 파도가 부서지는 것처럼 무너지고 15분이 경과되면 거의 사라집니다. 분노의 현장에서 잠시 벗어나 심호흡을 하는 것만으로도 화를 가라앉히는 데 큰 도움이 됩니다.

저는 부모가 자녀에게 줄 수 있는 가장 큰 선물 중 하나가 아이가 화를 낼 수 있게 해주는 거라고 생각합니다. 분노 조절을 어려워하는 청소년과 상담해보면 대부분 부모 중 한쪽이 감정 조절에 매우 서툴거나, 아이의 감정을 부모가 지나치게 억누르는 경우가 많습니다. 부모는 자신이 아이의 분노를 컨트롤하지 못하는 부모가 될까 봐, 또는 그런 부모로 남에게 보일까 봐 두려워 아이의 감정 표현을 막고 억누르는데요. 그럴 때 아이는 자신의 존재 자체를 거부당했다고 느끼게 됩니다. 아이는 자신이 분노를 드러냈기 때문에 사랑받지 못한다 여기고, 화난 감정을 꾹꾹 눌러야 사랑받을 수 있다고 잘못 해석하게 됩니다. 이렇게 생각하며 성장한 아이는 나중에 커서도 감정 조절에 어려움을 겪거나 슬픔, 기쁨, 화 같은 자연스러운 감정을 제대로 느끼지 못하게 될 가능성이 있습니다.

그렇다면 아이의 화를 어떻게 마주해야 할까요? 아이가 화를 내면 '어라 부모에게 감히 도전장을 던져? 그래 누가 이기는 지 해보자'는 식으로 반응하는 부모가 있습니다. 결론적으로 부모의 이런 감정적 반응은 아이들의 반항심만 더 키울 뿐입니다. 서툴게 화를 표출하는 아이를 변화시킬 수 있는 좋은 방법은 아이 스스로 자신의 말이나 행동을 돌아보며 어떤 생각에 도달하게 하는 것, 그것을 부모와 공유하도록 만드는 것입니다. 자녀와 대화가 잘 이뤄지지 않는다면 평소 자신의 대화법이 어떠한지 녹음을 해보는 것도 좋습니다. 10분 정도만 녹음해서 조용한 시간에 반복해서 듣다 보면 자신의 행동이 대화인지 화풀이인지 구분하실 수 있을 겁니다.

혹시 이런 경험 있으신가요? 상대방 말이 다 맞긴 한데 듣고 나면 이상하게 기분이 나쁘고 불쾌했던 경험 말이죠. 사람의 대화는 90%가 비언어적 방식으로 이루어집니다. 내용만큼 형식, 그러니까 표정이나 억양, 제스처도 중요한 것이죠. 그래서 화가 난 감정을 표현할 때는 말뿐만 아니라 목소리나 표정, 태도에도 주의를 해야 합니다. 예컨대 화를 낼 때 팔짱을 끼고 있으면 상대는 '나랑 한번 해보자는 거야'란 식으로 자극을 받게 됩니다. 팔짱을 끼는 행동은 전쟁터에서 적으로부터 나를 보호하기 위해 갑옷을 입는 것처럼, 가슴과 배를 보호하도록 우리 몸에 프로그램화된 행동인데요. 팔짱을 끼거나 삐딱하게 서지 말고, 바른 자세로, 중간중간 눈으로 반응하면서 차분한 목소리로 감정을 표현하는 게 좋습니다.

화가 날 때 나 스스로 화가 났다는 것을 알아차리고 인정하는 것이 중요하다고 말씀드렸는데요. 상대에게도 "나는 화가 나 있습니다"라는 걸 전하는 것부터 시작하는 것이 좋습니다. 구체적으로 나를 주어로 표현하는 방법이 있는데요. '너'를 주어로 하게 되면 상대의 잘못을 지적하거나 비난하는 말투가 되기 쉽습니다. 예를 들어 식사를 준비한 뒤 여러 차례 "밥 먹자"라고 이야기를 해도 아이들이 건성으로 답만 하고 움직이지 않을 때, '너'를 주어로 하여 "넌 왜 한번 말하면 듣지 않니. 그럴 거면 저녁 먹지 마"라고 말한다면 상대는 공격받는 입장이라 역공을 취하거나 방어하는 데 급급해집니다. 그보다는 '나'를 주어로 해서 "애써 준비했는데 음식이 식으니 (엄마 또는 아빠는) 속상하구나. 식기 전에 함께 식사하면 좋을 텐데"라고 말하는 게 훨씬 효과적입니다.

집에 돌아와서도, 잠자리에 누워서도, 며칠이 지나도 여전히 화의 불길이 몸과 마음을 지배하고 있다면 '분노 일기' 혹은 '감정 일기'라는 걸 써보는 게 좋습니다. 화가 나는 감정을 글로 적어보는 건데요. 종이를 한 장 펴놓고 가장 싫어하는 사람의 이름을 적고 싫은 이유를 곰곰이 생각해서 적어보는 간단한 방법을 통해 의외로 내 안에 숨어 있는 분노의 원인을 찾을 수 있을 겁니다.

　무엇보다 화가 나는 감정을 그때그때 대화로 표현하거나 바로바로 처리하는 습관을 갖는 게 좋습니다. 대화가 어려울 때, 스스로 화를 처리하는 방법을 알려드리면요. 먼저 숨을 깊이 들이마시고 내쉬기를 두세 번 천천히 반복합니다. 그렇게 깊은 호흡을 하면서, 좋아하는 사람이나 추억 속의 멋진 경치를 마음속으로 그려봅니다. 심장 부근에 긍정적인 느낌이 모여 있다고 상상하는 것도 도움이 되고요. 부드럽게 숨 쉬면서 이런 과정을 3분 정도만 지속해도 효과가 큽니다. 즐거움처럼 쌓이면 좋은 감정도 있지만, 화는 쌓이면 결국 넘치고 터지게 될 테니까요.

5장

'상처'에 서툰 당신에게

트라우마

'트라우마'는 정신에 가해진 강력한 충격으로 인해 발생하는 지독한 마음의 흉터를 의미합니다. 트라우마를 흔히 '외상후 스트레스장애'라 불러 심한 스트레스 정도로 생각하는 분도 있을 텐데요. 스트레스와는 본질적으로 다릅니다. 스트레스는 작은 노력으로도 해소할 수 있지만 정신적 외상인 트라우마는 쉽게 지워지지도 해소되지도 않기 때문이죠.

트라우마라고 하면 일반적으로 큰 트라우마(Big Trauma)를 말합니다. 전쟁이나 천재지변, 교통사고와 같은 끔찍한 사고나 어린 시절 당한 육체적 또는 성적 학대처럼 한 개인의 삶에 치명적인 영향을 주는 경우입니다. 작은 트라우마(Small Trauma)로는 자존감에 상처를 주는 일상적인 사건들이 있습니다. 예를 들어 많은 사람들 앞에서 발표하다 실수를 해 창피당했던 경험 같은 것이 여기에 속합니다. 그런 게 무슨 트라우마냐, 그저 정신력이 약한 것 아니냐 하는 분도 있겠으나 트라우마는 철저히 개별적인 겁니다. 사고 장면을 목격하는 것만으로도 치명적인 트라우마가 될 수 있고, 누군가에게 당한 모욕과 수모가 한 사람의 인생을 송두리째 뒤흔들 수 있습니다.

트라우마의 문제는 끔찍한 사건을 경험한 시점, 절대적인 무기력 상태가 현재에도 수시로 기습해 상처로부터 떠날 수 없게 만든다는 점입니다. 끔찍한 사고는 끝났지만 마음에 남은 상처가 당시의 기억을 계속 상기 시켜, 언제 나을지 모르는 극심한 통증을 안고 오늘도 내일도 살아가게 되는 것이죠.

가족 중 일부가 함께 트라우마를 겪는 사례가 있습니다. 30대의 삼 남매가 함께 저를 찾아왔는데, 이분들은 10년 넘게 불빛 하나 없는 어두운 방에서 생활하고 있었습니다. 세 분은 어릴 때 아버지에게서 무자비한 학대를 당하다 함께 도망쳐 나왔는데요. 혹여 아버지에게 발각될까 두려워 대낮에도 커튼을 치고 살았고, 문밖에서 작은 소리만 들려도 온종일 불안에 떨었다고 합니다. 현재 아버지는 왜소하고 힘없는 노인에 불과하지만, 30대의 삼 남매는 아직도 아버지 얘기만 나오면 구토를 하고 몸이 떨리고 식은땀을 흘리며 괴로워합니다. 세월이 흘렀지만 여전히 학대받던 어린 시절의 트라우마에 갇힌 채 현재를 고통스럽게 살고 있는 것입니다.

끔찍한 사건에 익숙한 사람도 트라우마로 고통받을 수 있습니다. 강남역 살인사건 당시 프로파일러로 범인을 직접 만났던 분이 있는데요. 트라우마로 인해 부엌칼 끝부분을 모두 잘라놓았다고 합니다. 누군가 자신의 집에 침입하더라도 칼로는 찌를 수 없도록 말이죠. 끔찍한 범행 현장을 직업적으로 살펴봐야 하는 프로파일러에게 칼은 무엇보다 잔인한 흉기입니다. 그런 칼끝을 자른다는 건 위협에 대한 일종의 방어기제라고 볼 수 있습니다.

정신적으로 건강한 사람들은 이성적인 뇌와 정서적인 뇌가 조화를 이룹니다. '시간이 약'이라는 말이 있죠. 살아가며 받는 웬만한 충격들은 대부분 한 달 정도 지나면 우리 뇌가 스스로 조화를 찾아 극복하게 도와줍니다. 하지만 트라우마를 일으킬 만한 어떤 사건들은 이성적인 뇌와 정서적인 뇌의 균형을 완전히 깨뜨려 버립니다. 그때 동물의 뇌라 불리는 정서적 뇌가 지휘권을 잡게 되는데, 사건이 끝나고 오랜 시간이 흘러도 우리의 뇌는 '위험하다, 달아나라'는 신호를 계속 보냅니다. 뇌가 일으키는 오작동뿐만 아니라 트라우마는 면역체계, 그리고 근육에까지 흔적을 남깁니다. 트라우마를 겪은 사람은 정신적 고통뿐만 아니라 근육이 뭉치고 가슴이 조인다거나 만성두통이나 복통을 호소하는 등 아픈 몸으로 살아갑니다. 트라우마는 호르몬이나 질병에 영향을 미치기도 하는데 성적 학대를 당한 여자 아이의 경우 성호르몬 분비가 촉진돼 생체시계가 앞당겨지는가 하면, 트라우마를 겪은 아이들의 천식 발생률이 겪지 않은 아이들에 비해 50배나 높다고 합니다. 이렇게 트라우마는 몸과 마음 모두에 깊은 상처를 남기게 됩니다.

상처, 그 후

    트라우마가 일으키는 몸과 마음의 변화는 다양합니다. 트라우마는 성격, 꿈, 체질까지 변화시켜 전혀 다른 사람이 되기도 하며, 어떤 사람은 트라우마로 인해 전에 하지 않던 행동을 하기도 합니다.

    충격적인 사건을 경험한 후 술이라곤 입에 한 방울도 대지 않던 사람이 알코올 중독자가 된다거나, 정적인 취미를 즐기던 사람이 갑자기 오토바이 레이싱을 한다거나 위험한 익스트림 스포츠에 빠지기도 합니다. 이러한 변화는 트라우마에 삼켜지지 않기 위해 애쓰고 발버둥 친 흔적일 수 있습니다. 일종의 방어적 행동인 것이죠. 트라우마로 인한 고통으로부터 자신을 보호하기 위해 사람들은 여러 행동을 합니다. 실제 트라우마를 겪은 분들 중에는, 자기 통제력을 키우기 위해 온몸에 문신을 하거나 근육을 키우는데 집착하기도 합니다. 사람들이 괴로울 때 일반적으로 보이는 반응은 자신이 좋아하고 믿고 도움을 받을 수 있는 사람을 찾는 것인데요. 자신을 도와줄 사람이 없는 경우 술이나 음식에 의지하기도 합니다. 그것이 과해져 알코올 중독에 빠지거나, 폭식으로 몸이 망가지더라도 트라우마의 고통이 너무 위협적이라서 잠시 위안을 얻을 수 있는 일을 멈추지 못하는 것이죠. 이들은 보이지 않는 위험과 싸우느라 늘 녹초상태입니다. 일상에 우울함과 불안이 만연해있어 감정이 무뎌지다보니 자극적인 놀이나 게임을 찾아 위험을 자초하는 경우도 있습니다.

몸이나 마음에 큰 충격을 받고 난 뒤 나쁜 꿈을 꾼 경험, 다들 있으실 겁니다. 그런데 만약 특별한 스트레스 없이도 악몽을 반복적으로 꾼다면, 그건 자신이 기억하지 못하는 어떤 트라우마가 마음속 깊이 자리 잡고 있을 가능성이 높습니다. 악몽을 반복해서 꾸게 되면 깨어서도 불쾌함이나 찜찜함이 남아 걱정하는 분들이 많지만, 정신분석적으로 본다면 악몽이 반드시 나쁜 건 아닙니다.

악몽에는 최악의 장면이 빠져 있습니다.

예를 들어 사자에게 공격당하는 꿈을 꾸더라도 다쳐 피를 흘릴 수는 있어도 사자에게 완전히 잡아먹히진 않습니다. 아무리 무시무시한 악몽을 꾸더라도 최악의 장면 직전에 멈추게 되어 있습니다. 악몽을 반복적으로 꾸는 건 악몽을 통해 끔찍한 트라우마를 좀 더 순화된 불안으로 바꾸어서 견디게끔 도와주는 우리 정신의 노력입니다. 쉽게 말하자면 악몽이 스펀지 같은 완충작용을 하는 것이죠. 트라우마의 무자비한 기습에 대비해, 최악의 끔찍한 장면보다는 완화된 형태의 악몽을 반복적으로 상영하며 우리 정신이 어느 정도 견딜 수 있도록 무의식이 작용하는 겁니다.

성적 폭력을 당한 피해자 대부분은 자기 몸을 싫어합니다. 몸을 볼 때마다 끔찍한 기억이 되살아나기 때문이죠. 제게 상담을 하러 찾아오는 분 중 고도비만 상태의 여성이 있었습니다. 그분이 상담할 때 이런 이야기를 했습니다.

"저는 단순히 배가 고파서 폭식하는 게 아니라, 먹어야 안전하다고 느낍니다. 폭식을 하고 견딜 수 없는 혐오감이 밀려오면 구토를 하지만, 늘 허전하고 혼란스러워 또 먹습니다. 주위에선 저더러 살을 빼라고 충고하지만 체중이 많이 나가면 사람들이 저를 쳐다보지 않습니다. 사람들의 시선을 피할 수 있어요. 그래서 저는 뚱뚱해지고 싶습니다."

이 여성분은 성폭력 피해자였습니다. 범죄의 표적이 된 게

자신의 몸 때문이 아닐까 하는 자책 때문에, 다시는 성폭력의
대상이 되지 않기 위해, 자신의 몸이 타인에게 무참히 짓밟힌
상처와 수치심 때문에, 남들의 시선을 피하기 위해 선택한 방법
이 건강을 해칠 정도로 살을 찌우는 것이었죠. 이렇게 고도비
만, 폭식, 알코올중독 문제로 만나는 분들 중에는 그 이면에 끔
찍한 트라우마 경험이 자리 잡고 있는 경우가 많습니다. 이런
분들을 위해 제가 드리는 이야기가 있습니다.

"결코 ○○씨의 잘못이 아닙니다. 당신에게 문제가 있어서
생긴 일이 절대 아니에요. 그런 일을 당해도 될 사람은 세
상에 없습니다."

잠복 트라우마

트라우마가 있는 사람은 아주 오랜 시간이 흐른 뒤에도 위험을 암시하는 실낱같은 단서만 주어지면 과거의 끔찍했던 순간이 지금 당장 현실에서 벌어지는 경험을 합니다. 사건과 결부될 수 있는 사소한 자극으로도 당시의 고통과 이미지, 소리, 냄새까지 생생하게 살아나는 것이죠.

저 또한 어릴 적 큰 화상을 입어 지금도 오른팔 전체에 화상 흉터가 있습니다. 저는 계란 프라이를 할 때도 뜨거운 기름이 튈까 봐 멀찌감치 떨어져 있고 불을 보면 깜짝 놀랄 때가 많습니다. 트라우마로 인해 몸속 위험 감지기가 민감해져 어떤 물건, 작은 실마리도 위험 상황과 결부시켜 대비하는 행동을 취하게 됩니다.

이렇게 일상 속에서 시시때때로 트라우마에 시달리는 사람이 있는가 하면, 트라우마의 존재를 인지하지 못하고 살아온 경우도 있습니다.

저를 찾아온 20대 여성분이 있습니다. 교통사고로 몇 군데 병원에서 트라우마 치료를 받다가 증상이 점점 심해져 저희 병원까지 찾아오셨는데요. 그분과 얘기를 나누면서 교통사고 당하기 전에도 혹시 다른 어떤 트라우마가 있었는지 물었습니다. 몇 년 전에 키우던 개가 갑자기 죽어 큰 충격을 받았고 그 일이 자신이 살아오며 겪은 상처 중 가장 큰 것이라 했습니다. 교통사고당할 때도 개가 죽었던 장면이 갑자기 번쩍 떠올랐다고 합니다. 그 개의 이름이 '두부'였는데 이름이 특이해 "왜 두부라 지었나요"라고 물으니, 새하얀 털을 가지고 있어서 흰 두부처럼 느껴져 별생각 없이 두부라고 지었다고 하셨습니다. 그렇게 이야기를 진행하다 까맣게 잊고 있던 기억 하나를 떠올렸습니다. 8살 때, 아버지가 높은 데서 추락해 갑자기 돌아가신 기억인데요. 아버지가 머리를 심하게 다쳐 뇌출혈로 돌아가셨는데 그 현장을 8살이었던 자신이 목격한 것이죠. 그런데 이분 아버지처럼 머리를 다쳤을 때 의학적으로 부르는 용어가 있습니다. 바로 '두부외상'이라는 말인데요. 환자분이 별생각 없이 지었다고 한 두부라는 이름도 사실은 '두부외상'으로 돌아가신 아버지에 대한 트라우마가 무의식적으로 사랑하는 개의 이름을 짓는데 영향을 미쳤을 겁니다. 어린 시절 겪은 갑작스런 아버지의 죽음을 정신이 감당하지 못해서 기억에서 삭제한 채로 지내다가, 수십 년이 지나 교통사고를 계기로 '반려견 두부의 죽음 - 두부외상

- 아버지의 죽음'까지 연결된 것이죠. 결국 그 환자분의 트라우마는 최근 겪은 교통사고 자체가 아니라, 정신이 감당하지 못해 무의식 저편에 밀어 두었던 아버지의 죽음이었습니다.

　이러한 사례가 시사하는 점은 트라우마와 나는 무관하다 생각하는 분들에게도 어쩌면 트라우마의 씨앗이 잠복해 있을 수 있다는 겁니다. 그러다 어떤 계기를 통해 잠복해 있던 트라우마가 우리를 기습할 수 있는 것이죠. 우리 모두가 트라우마에 좀 더 관심을 가지고 자신의 마음이 안녕한지, 건강한지 돌아봐야 하는 것도 바로 이런 점 때문입니다.

유전, 전염되는 트라우마

제가 만난 분 중, 졸려도 눕지 못하는 증상으로 병원에 오신 70세의 할아버지가 있었습니다. 수십 년을 편히 눕지 못하고 웅크린 자세로 불편하게 주무셨던 것인데, 알고 보니 월남전에 참전한 분이었습니다. 시간이 지나고 공간이 바뀌었음에도 여전히 자신이 있는 곳은 전쟁터이고, 언제 어디서 폭격이 날아올지 몰라 공포에 떨고 계신 겁니다.

놀라운 점은 그분의 트라우마가 그 사건을 직접 겪지 않은 주변 사람에게까지 영향을 주었다는 점입니다. 할아버지의 아내분은 우울증에 시달리고 있었고, 자녀들 또한 불안증에 시달리며 사람들과 안정적인 관계를 맺는 데 어려움을 겪고 있었습니다.

미국 911 테러 이후 트라우마에 대한 많은 연구가 있었는데요. 그중 테러 장면을 '목격'하는 것이 아이들의 정서에 어떤 영향을 미치는가에 대한 연구가 있습니다. 단지 목격만 했을 뿐인데도 나중에 심각한 정서적 문제를 가질 확률이 6배, 사소한 일에도 심한 공격성을 드러낼 확률이 11배나 더 높다는 결과가 나왔습니다. 또 가정폭력을 목격한 아이들, 그러니까 아빠가 엄마에게 폭력을 행사하는 장면을 목격한 아이들을 수십 년에 걸쳐 추적해보니 남자아이들은 커서 자신의 아내를 학대할 위험이 7배나 높았고, 엄마가 맞는 장면을 목격한 여자아이들은 자신이 가정폭력의 희생자가 될 확률이 20배나 높았습니다. 트라우마는 자신만의 문제에서 그치지 않고 타인의 몸과 마음에도 흉터를 남길 수 있다는 것이죠.

트라우마의 문제는 후세에도 대물림된다는 점입니다. 일반적으로 부모에게서 해결되지 않은 무의식적인 문제가 자녀에게 대물림됩니다. 아이들은 부모와의 상호작용을 통해서 부모의 상처 입은 내면에 많은 영향을 받습니다. 내면의 상처로 인해 알코올에 의존하는 부모를 둔 경우 자녀 또한 알코올에 의존할 확률이 높아집니다. 특히 여자아이는 아빠가 알코올 중독자일 경우, 아빠를 미워하지만 커서 아빠와 비슷한 남자를 만날 확률이 높다고 합니다. 이런 현상을 정신분석에서는 '무의식적인 의리' 때문이라고 봅니다.

부모가 자신이 살길 원했던 삶을 무의식적으로 자식에게

강요하는 경우, 아이는 커서 자신의 삶을 사는 것보다, 부모의 못다 한 삶을 살게 되는 경우가 흔합니다. 진로 문제로 자녀와 마찰을 겪고 있는 부모를 만나보면 "내 자식만큼은 나처럼 살게 하진 하겠다. 내가 어려운 환경 때문에 공부를 못했으니까 자식만큼은 빚을 내서라도 공부를 시키겠다"는 말씀을 자주 합니다. 가난 때문에, 부모의 반대로 제 뜻을 펼치지 못했던 상처가 왜곡된 형태로 자녀에게 전달되어, 아이들 또한 제 뜻대로 살지 못하도록, 자신들과 똑같은 상처를 안고 살아가도록 만드는 것이죠.

트라우마가 대물림된다는 생물학적 증거 또한 밝혀지고 있습니다. 트라우마가 한 세대에서 다음 세대로 유전된다는 것인데요. 반복되는 공포나 두려움이 자녀의 유전자를 바꿔놓을 뿐만 아니라 최소 3대에 걸쳐 트라우마가 유전된다고 합니다. 그렇다고 두려움에 떨고만 있어야 할까요? 트라우마의 반복과 대물림을 막을 수 있는 유일한 방법, 그것은 자기가 가진 상처의 근원, 고통의 근원을 아는 것입니다. 거기서부터 치유는 시작됩니다.

치명적 상처, 아동학대

우리 사회에선 여전히 트라우마의 원인을 재앙 수준의 끔찍한 사건으로 국한시키곤 합니다. 그런데 대다수 여성과 아이들이 겪는 트라우마는 부모나 연인 등 친밀한 사람들과의 관계에서 발생합니다. 특히 아동학대의 경우, 아이 스스로가 겪는 극심한 공포와 고통이 자신을 돌보는 사람, 자신을 사랑해 주어야 할 사람들에 의해 생겨났기 때문에 회복이 무척 힘듭니다.

아동학대란 신체적인 학대뿐만 아니라 정서적 학대나 성적 학대, 방임도 포함됩니다. 2015년도 우리나라 아동학대 건수가 2만 건에 달하였는데, 타인의 가정사에 관여하는 것을 어렵게 여기는 한국 특유의 분위기를 감안한다면 그 수는 훨씬 더 많을 겁니다. 아동학대 112신고는 하루 평균 33건에 달하는데 실제 사건 수는 10배나 많을 것으로 추정됩니다. 최근 10대, 20대의 자살률이 증가하는 이유도 여전히 치유되지 않은 가정폭력의 후유증이 클 것입니다.

전 세계적으로 아동학대에 대한 대책 마련에 가장 고심하는 나라가 미국입니다. 미국의 공중보건연구에서 최근에 내놓은 결론은, 암이나 심혈관질환보다 훨씬 거대하고, 가장 큰 비용이 발생하는 문제가 아동학대라는 겁니다. 전쟁에 투입된 미군의 약 4분의 1이 트라우마 후유증에 시달리는데, 미국 여성 중 1,200만 명이 성폭력 희생자이고, 전체 성폭력 희생자 중 절반 이상이 15세 미만의 소녀입니다. 미국에서는 해마다 300만 명의 아이가 아동학대로 희생되고 방치되어 있습니다. 쉽게 말하면 전쟁 트라우마에 시달리는 군인이 한 명이라면 그 10배의 아이들이 자신이 살고 있는 집 안에서 고통을 당하고 있다는 겁니다.

학대를 당하는 아이들에게 집은 전쟁터나 다름없습니다. 흔히 아이들은 회복력이 강하다고 말하지만 문제는 정신만은 그렇지 않다는 겁니다. 어릴 때 경험한 학대는 아이의 뇌 발달에 지속적으로 부정적 영향을 주며, 특히 두 살 전에 만들어진 트라우마는 평생의 흉터로 남습니다. 보호자이자 애착관계에 있는 양육자의 학대와 방치는 교통사고와 같은 후유증보다 훨씬 더 크고 일생에 걸쳐 광범위하게 영향을 미칩니다.

아이들은 부모와의 애착관계를 통해 '안정감'을 장착하게 됩니다. 안정감이란 삶에 있어 호신용품과 같아 아이가 타인과 도움을 주고받고, 실패해도 다시 일어나고, 세상이 안전하고 살만한 곳이라 여길 수 있게 해주죠. 하지만 어린 시절 학대를 당한 사람의 내면에는 전혀 다른 메시지가 기록되어 있습니다. 누구도 날 도와주지 않는다고, 나는 혼자라고, 내 인생은 처음부터 실패라고, 세상은 날 괴롭히고 고통스럽게 하는 것들로 가득 차있다고 말이죠.

상담하는 입장에서도 아동학대의 지독한 흉터는 가장 치료가 어렵습니다. 다른 사람과 자신의 마음속 감정이나 상처를 서로 나누는 것이 트라우마를 극복하기 위한 첫걸음이지만, 부모에게 자신의 감정을 말하지 못했던 아이, 정서적으로 안전하지 않은 환경에 있었던 아이는 다른 사람과 의미 있는 관계를 맺기 어렵습니다. 아이가 훗날 커다란 시련에도 큰 후유증 없이 툭툭 털고 일어날 수 있도록 해주려면 아동학대를 그만 멈춰야 합니다.

아이들이 건강하지 않으면 결코 미래는 없습니다. 이제 우리나라에서도 아동학대 문제를 심각하게 다루어야 합니다. 만약 아동학대가 사라지면 우리나라 성인 우울증의 절반 이상이 줄어들 것이고, 성인 알코올 중독은 3분의 2까지 줄어들 것입니다. 자살이나 가정폭력은 4분의 3까지 감소할 수 있습니다. 우리나라에서 아동학대가 사라진다면 저와 같은 정신과 의사들이

나 심리전문가들은 필요 없어질 겁니다. 아동학대가 사라져 제가 밥을 굶는 날이 와도 좋으니 반드시, 꼭 그런 세상이 오길 기원합니다.

상처를 다스리는 법

현재를 살아가는 우리는 막연하게 어떤 믿음들을 가지고 있습니다. 우리 배는 침몰하지 않을 거란 믿음, 큰 백화점 건물이 무너질 리 없다는 믿음, 다리가 붕괴할 리 없다는 믿음, 나는 교통사고를 당하지 않을 거라는 믿음, 광장에서 테러가 일어나지 않을 거라는 믿음. 그런데 정신분석학에서는 우리가 믿고 있는 현실이 바로 환상이고 방어기제라고 말합니다. 환상이라 부르는 이유는 언제든 찢어질 수 있기 때문인데요. 트라우마란 결국 우리가 믿고 있는 현실이 갑작스레 파열되고 찢어질 때 생기는 겁니다.

현시대는 과거보다 더 다양한 종류의 트라우마에 노출될 수 있습니다. 기계문명의 발달, 인간 소외, 거기서 오는 물리적·정서적 위협으로부터도 자유롭지 못하지만 사회적 원인으로 인한 트라우마 또한 그 종류가 다양하고 치명적입니다. 현시대는 모든 것이 분명하고 매끄러워 보입니다. 궁금한 건 인터넷 검색으로 답이 척척 나오죠. 관계의 문제를 해결하는 방법도 다양한 콘텐츠에서 제시해줍니다. 지하철이 오는 시간, 버스가 떠나는 시간을 분 단위로 알려주니 일상이 물 흐르듯 매끄럽게 흘러갑니다. 하지만 이러한 현실에 익숙해져 있다 보면 사소한 관계 변화만으로도, 기차가 연착하는 예기치 못한 상황만으로도, 일상의 실밥이 툭 터지는 것만으로도 정신적 충격을 느끼며 트라우마를 경험할 수 있습니다. 모든 것이 분명하다, 답이 있다, 안전하다 믿게끔 만드는 사회가 우리를 트라우마로부터 더욱 연약하게 만드는 것이죠.

끔찍한 사건을 완전히 잊을 수 있는 사람은 아무도 없습니다. 이미 일어난 과거의 일은 되돌릴 수도 없습니다. 하지만 몸과 마음에 남은 트라우마의 흉터는 해결할 수 있습니다. 트라우마로 인해 병원에 가게 되면 일반적으로 상담이나 약물치료를 합니다. 하지만 대부분 그것만으론 부족합니다. 트라우마를 겪으면 언어를 담당하는 뇌의 기능이 저하돼 말문이 닫힙니다. 그래서 상담 자체가 힘든 경우도 있습니다. 약물치료도 트라우마 증상에 담긴 진짜 문제를 원천적으로 해결해 줄 수는 없습니다.

트라우마를 겪은 분들에게는 먼저 몸에 흉터로 남은 트라우마의 흔적들, 그러니까 신체가 과도하게 경계 태세를 갖추는 걸 우선적으로 바로잡아야 합니다. 그런 후에 트라우마에 대한 상담 치료를 진행하는 게 좋습니다. 트라우마가 근본적으로 해소되려면 과거의 위험이 지나갔다는 사실을 머리가 아니라 몸이 깨달을 수 있도록 해야 합니다.

트라우마 치료 중, 눈동자를 좌우로 움직이면서 치료하는 EMDR(안구운동민감소실 재처리요법)이 있습니다. 제 경험상 상당히 효과적인 치료법입니다. 아쉬운 것은 정신과 의사나 심리전문가 중 이 치료를 할 수 있는 분이 적다는 것인데요. 많은 전문가들이 이 요법을 배우고 익혀 트라우마로 고통받는 분들에게 도움을 주셨으면 합니다. 또 개인적으로 많이 권하는 것이 요가입니다. 요가는 몸의 감각을 편안하게 해주고, 자기조절능력을 갖추는 데 큰 도움이 됩니다. 비슷하게는 명상이나 심호흡이 몸에서 실제 위험요소가 지나갔다는 사실을 깨닫게 해주는 데 도움이 됩니다. 뿐만 아니라 몸으로 할 수 있는 태권도, 무에타이, 복싱 같은 운동이나 춤을 추는 것도 직접적인 도움이 됩니다. 제가 특히 선호하는 것은 미술을 활용한 방법입니다. 트라우마를 극복하는데 음악이나 그림을 활용한 예술치료가 큰 도움이 됩니다. 예술 활동은 자신의 감정을 표현하는 활동이기 때문이죠. 스스로 자신의 상처를 인지하고 공유하고 표현하는 것. 그러므로 과거가 아닌 일상의, 현재의 나로서 살게 하는 것. 이것이야말로 트라우마를 극복하는 가장 효과적인 지름길입니다.

6장

'표현'에 서툰 당신에게

욕 하는 이유

욕을 입에 달고 사는 사람이 있습니다. 말의 앞이나 끝에 추임새처럼 욕이 딸려 나오죠. 요즘은 욕이 어떤 정도를 나타내는 부사(副詞)나 기분을 표현하는 형용사, 감탄사를 대신해서도 사용되는 것 같습니다.

동서고금을 막론하고 욕이 없는 곳은 아마 없을 겁니다. 욕은 막는다고 해서 사라지지 않고 어떤 자생력을 가지고 진화하기도 하죠. 욕은 기본적으로 남을 흠집 내고 비하하고 모욕할 때 쓰는 말입니다. 이것이 바로 하수(下手)의 욕인데요. 자신의 분노를 상대에게 쏟아붓고 공격하기 위해 상대의 신체적 장애나 콤플렉스를 지칭하는 말을 써 의도적으로 상처를 입히려 합니다. 우리나라에서 흔히 사용하는 욕설의 유래를 찾아보면 성적인 내용이 많습니다. 성기를 비하하거나 근친상간을 의미하는 말을 흔히 사용하였는데 여자의 성기를 씹, 남자의 성기를 좆으로 비하하여 표현하는 것이 대표적입니다. 또 병을 지칭하는 욕도 많습니다. 대표적으로 '병신'은 몸에 병이 들었다는 뜻으로, 즉 환자를 의미합니다. 16세기 조선시대에는 "다음 환자 들어오세요"란 말을 "병신 들어오세요"라고 했다고 하는데 그게 욕이 되어버린 경우입니다. 장애가 있는 사람을 지칭하던 단어를 누군가 비하하기 위해 사용하는, 아주 저급한 욕이죠.

욕은 민족마다 다른 표현으로 나타나기도 합니다. 유교문화권인 우리나라에서는 욕에 유독 '개'가 많이 붙습니다. 도덕관념이 없고 상스럽다는 의미에서 근친상간에 대한 기준이 없는 '개'를 욕에 갖다 붙인 거죠. 미국에서는 신으로부터 버림받을 놈이란 의미의 '갓뎀'을 욕으로 씁니다. 프랑스에서는 개인의 독립성, 주체성을 중요하게 여기기 때문에 '상상력 없는 놈'이란 말이 굉장히 모욕적인 욕이라고 합니다.

이러한 욕은 실상 소통에 서툰 사람, 자신의 감정을 언어적으로 올바르게 전달하는 방식을 잘 알지 못하는 사람이 주로 사용합니다. 단지 감정 자체나 기분, 공격성을 드러내거나 상대에게 상처를 주기에 욕이 가장 경제적이고 즉각적이기 때문이죠.

최근 한국 사회에서 욕을 쓰는 사람이 많아진 원인을 곰곰이 생각해보면 저마다 '불만'이 가득하기 때문일 겁니다. 초등학생, 청소년의 95%가 욕을 한다고 합니다. 한국 아이들이 느끼는 행복 지수나 학교생활 만족도는 전 세계에서 최하위 수준입니다. 성인의 취업률도 최저, 웰빙 지수도 OECD 국가 중 가장 낮은 수준입니다. 바쁜 현대 사회에서 지속적으로 쌓이는 스트레스, 그걸 시원하게 풀 수 없다 보니 즉시즉시 감정을 배출할 목적으로 욕을 선택하는 것이죠.

실제 욕을 습관처럼 하는 분들은, 자신감이 없고 신체적으로 콤플렉스가 있는 경우가 많습니다. 욕을 통해 자기의 약점을 보완하려는 것이죠. 또 내면에 분노의 감정이 쌓여있거나 감정 조절이 어려운 사람들이 욕을 자주 합니다. 공격성은 어느 정도 발산해야 심리적인 균형을 맞출 수 있는데 폭력을 쓰면 처벌을 받기 때문에 조금 덜 위협적인 공격방식으로 욕을 택하는 겁니다. 문제는 우리가 감정이나 생각을 말로 바꿀 때 뇌에 저장된 단어를 끄집어내는데요. 욕을 습관처럼 하다 보면 단어를 고르는 과정을 거치지 않고 바로 욕이 나오게 되어 버립니다. 사소한 자극에도 곧바로 욕이 우선 선택되는 것이죠.

분노 조절을 어려워하는 청소년을 만난 적이 있습니다. 그 학생은 저와 상담할 때도 욕을 자주 썼습니다. 제가 "언제 욕을 하니?"라고 물었더니 "열 받거나 화날 때 하죠. 또 욕을 적당히 해야 기 싸움에서 이겨요. 안 그럼 무시하거든요. 욕을 내뱉으면 속이 후련해져요"라고 답하더군요.

제가 만난 그 학생뿐만 아니라 놀랄 정도로 많은 아이들과 학생들이 욕을 사용합니다. 아이들이 욕을 하는 건 대개, 자신이 화났다는 걸 알리는 표현입니다. 표현이 서투니까 욕을 통해 '내가 지금 엄청 뿔났어요. 살펴봐 주세요'라는 메시지를 보내는 겁니다. 그런데 사춘기에 들어선 청소년들의 욕은 상대를 제압하거나 상처를 주겠다는 2차적 목적이 있습니다. 우선 청소년들은 욕을 하면 강해 보인다고 생각합니다. 그래서 자신감 없는 아이나 신체적으로 뒤처지는 아이들이 오히려 욕을 많이 합니다. 또한 아이들 사이에 욕이 일종의 문화가 되면서 공격성이 높지 않은 아이들도 욕을 사용하게 됩니다. 집에서는 욕을 전혀 하지 않으면서 친구들만 만나면 입이 거칠어지는 아이가 있거든요. 문제는 욕을 하면 할수록 아이의 두뇌가 손상을 받는다는 겁니다. 공격적이고 충동적이며, 산만해지는 것이죠. 아이가 습관적으로 욕을 하는 것을 방치하면 신체적 폭력이나 왕따, 따돌림 문제로 나타날 수 있기 때문에 어른들의 관심이 필요합니다.

어른은 아이의 거울이라고 합니다. 욕하는 아이 주변에는 어김없이 욕하는 어른이 있습니다. 제가 상담하며 만난 한 여성분은 아이의 유치원 학예회에 참석했다가 큰 충격을 받았다고 합니다. 학예회에서 선생님이 아이에게 "엄마가 누구신지 소개해 줄래?"라고 했더니 아이가 "우리 엄마는 씨*년입니다"라고 대답해 유치원을 발칵 뒤집어 놓은 것이죠. 알고 보니 남편분이 평소 화가 나면 아내에게 이 같은 욕을 자주 했다고 합니다. 아빠의 나쁜 표현을 아이가 그대로 배우게 된 것이죠.

아이가 욕을 하면 대개는 "너 방금 뭐라고 했어?", "어떻게 욕을 할 수 있어?"라는 반응을 보입니다. 하지만 그럴 때는 "화가 나는 일이 있었니?"라고 먼저 물어야 합니다. 욕하는 것 자체를 야단치는 건 별로 효과가 없습니다. 아이의 이야기를 먼저 듣고 나서 욕을 해서는 안 된다는 걸 알려주는 것이 좋습니다. 무엇보다 어른의 표현을 아이가 있는 그대로 배우기에, 어른 스스로 잘못된 언어표현을 바꾸려는 노력이 필요합니다.

사실 욕이 그렇게 나쁜 것만은 아닙니다. 감정이나 의견을 효과적으로 표현하는 수단으로 쓰여 긍정적인 기능을 하기도 하죠. 우리나라 80년대는 시(詩)의 전성기였습니다. 그 당시 시집을 보면 욕이 굉장히 많이 나옵니다. 암울했던 시대에 금기시하는 것들을 욕으로 직접 건드리는데, 그런 욕에는 유머나 해학, 서러움이나 울분 같은 감정이 담겨 있습니다. 그런 욕은 표현하는 당사자나 보는 사람 모두에게 카타르시스를 안겨주죠.

놀랍게도 우리는 돈을 내고 욕을 먹으러 일명 욕쟁이 할머니집이라 불리는 식당에 찾아갑니다. 하지만 허리 구부정한 연약한 할머니가 내뱉는 욕은 상처 주는 욕과는 다릅니다.

"다 먹고 살자고 하는 일인데 밥도 안 먹고 싸돌아댕기는겨?"
"멋 부리다 얼어 죽지. 따숩게 입고 안 다니나?"

할머니의 욕에는 걱정, 위로, 인정, 관심 같은 마음이 담겨 있습니다. 행동은 친절해도 그 속내를 알 수 없는 사람보다 표현은 다소 거칠어도 가식 없이, 공평하게 사람들을 대하는 할머니의 욕이 사람 냄새나고 정이 가는 것이죠.

이쯤 되면 욕 자체보다는, 욕의 뒤에 숨어 타인을 공격하는 나약함, 욕을 통해 자신의 모든 감정을 뭉뚱그려 표현하는 미숙함을 극복해야 하지 않을까 싶습니다. 욕을 습관적으로 사용하고 있다면 어른 아이 할 것 없이 자신의 감정을 있는 그대로의 언어로 바꿔 표현하는 연습을 해야 합니다. 다시 말해 나쁘다, 화난다, 속상하다, 짜증 난다, 무안하다 등으로 말이죠. 그리고 이왕 욕을 할 거라면 '분위기를 풀어줄 수 있는, 언어의 맛을 살린, 풍자와 해학이 담긴, 인정과 관심이 담긴' 근사한 욕을 구사해보자는 것이 저의 개인적 바람입니다.

거절하는 방법

오늘도 해야 할 일이 산더미입니다.

세탁실에는 빨랫거리가, 책상에는 서류가, 테이블엔 밀린 주문이 수북수북 쌓여 있죠. 그런데 누군가 말합니다.

"이것 좀 해주겠어?"

이럴 땐 정말 머릿속이 복잡해집니다. '협동하는 것, 돕는 것'을 미덕으로 여기는 한국 사회에서 거절은 쉬운 일이 아닙니다. 게다가 거절의 대상이 윗사람이라면 더더욱 쉽지 않습니다.

직장에서 상사가 불필요한 일이나 수행하기 힘든 일을 시킬 때, 거절의 말이 목구멍까지 올라오지만 그 얘길 쉽게 꺼낼 수 있는 사람은 그다지 많지 않을 겁니다. 직장인의 절대 하지 말아야 할 두 가지 금기어가 "하기 싫습니다"와 "못하겠습니다" 일 정도니까요.

이런 상황에 맞닥뜨려 상담을 청하신 분들에게 제가 드리는 조언이 있습니다. 바로 "못하겠다"고 말을 하는 대신 일단은 "네 알겠습니다"로 시작하는 게 좋다고 말이죠. 그런데 이런 저의 이야기에 즉각 반론을 제기하는 분들이 있는데요.

"아예 초반에 거절하여 싹을 잘라버리는 것이 좋지 않을까요? 부당한 지시를 계속 따르다 보면 불합리한 일을 점점 더 많이 시킬 것 같습니다."
"이런 일을 할 바에 차라리 관두겠다고 아예 세게 나가는 게 낫지 않을까요?"

하지만 제 생각은 좀 다릅니다. 설사 그게 받아들여져 상사로부터 "그래 그럼 하지 마. 안 해도 돼"라는 대답을 얻어내더라도, 작은 전투에서 잠시 승리했을 뿐 회사생활이라는 더 큰 전쟁터에서 살아남는 데 앞으로 장애물이 더 많아질 겁니다. 초반에 자신의 의견을 강하게 관철시켰다가 상사와 불편한 관계, 직장 내 소문, 험담 등으로 힘들어하던 상담자를 많이 만나 보았습니다. 정말 직장 그만둘 생각이 아니라면 일단은 긍정적인 대답을 주는 것이 현명하다고 봅니다.

중요한 건 이 다음입니다. 정말 해내지 못할 상황이 반드시

있다는 것이죠. 그럴 때는 상사의 의견을 받아들여 일을 일정
부분 진행한 뒤, 그 과정에서 발생하는 애로점이나 문제점을 거
론하는 방식이 좋습니다.

"과장님, 지난번 지시하신 일은 이 정도까지 진행했습니다.
그런데 하다 보니 이런저런 어려움이 있습니다. 여러 가지
시도를 해보는 중입니다. 어떻게 하는 게 좋을까요?"

이런 식의 의사 표현은 상대로 하여금 생각하고 판단할 여
지를 줍니다. 함께 일하고 있다는 느낌을 갖게 하여 책임을 나눌
수 있고, 내가 당신을 신뢰하고 있다는 인상도 줍니다. 일을 완
수하기가 결코 쉽지 않다는 걸 미리 알려주는 효과도 있습니다.

"아무래도 더이상 진행하는 게 현실적으로 어려워 보입니
다. 어떻게 해야 할까요?"

실제 일을 진행해보고 어려움이나 문제점을 언급하는 경우
라면, 상사 또한 그러한 의견을 충분히 받아들일 수 있을 것입
니다. 해보지 않고서는 결과를 알 수 없는 법이니까요. 일을 완
수하지 못해도 과정을 함께 공유했으니 두 사람 모두에게 경험
치가 쌓이게 될 것입니다. 지위고하를 막론하고 거절당하는 경

험을 반기는 사람은 없습니다. 효과적인 거절을 위해서는 그 어느 때보다 긍정적인 의사 표현이 선행되어야 함을 기억해야 할 겁니다.

앞의 사례보단 조금 가벼운 경우긴 하지만, 직장인에게 회식 제안 또한 거절하기 어렵습니다. 저는 불편하더라도 어쨌든 회식에 참석하는 게 좋다고 생각합니다. 우리나라 회식 문화가 모두 바람직한 건 아니지만 회식을 업무의 연장으로 여기는 한국 사회의 현실을 부정할 수 없으니까요. 저는 회식의 경우도 부정적인 말로 거절부터 하기보다 불참하더라도 정성을 보이는 게 중요하다고 봅니다. "선약 때문에 참석이 어렵습니다"라고 말하기보다 "불가피한 선약 때문에 1차는 참석이 어렵지만, 2차라도 합류하도록 노력하겠습니다"처럼 말이죠.

아무리 좋은 표현으로 중무장하더라도 거절은 상대에게 불편한 말일 수밖에 없습니다. 그래서인지 "직접 만나는 대신에 문자나 이메일로 거절을 하면 어떨까요?"라고 물어보는 분이 많습니다. 저는 가급적 직접 만나 이야기하는 쪽으로 해결하시길 권유합니다. 처음엔 부담스러울 수 있어도 얼굴을 보고 대화하면 상대의 반응에 따라 이야기 내용을 바꿔가며 거절할 수 있기 때문이죠. '걱정했던 것보다 힘든 상황은 아니구나'라는 생각이 들 수도 있고요. 그런데 문자나 이메일은 말투나 표정 같은 비언어적 표현 없이 내용만 존재하기 때문에, 읽는 상대방의 기분에 따라 여러 가지 의미로 해석될 수 있다는 함정이 있습니다. 그래서 가급적이면 만나서 대화를 나누거나, 어렵다면 통화를 하시기를 권합니다.

우리가 살다 보면 불편해도 반드시 거절해야 하는 순간이 있습니다. 이건 새로운 일을 더 하느냐 마느냐, 회식에 가느냐 마느냐 와는 전혀 다른 문제입니다. 가령 돈을 빌려달라는 부탁처럼 말이죠. 제가 상담한 분 중에도 보증을 잘못 서거나 돈을 빌려주고 받지 못해 마음고생을 하는 분이 많습니다. 그런데 이런 분들은 그렇게 고생하고도 훗날 또 보증을 서주고, 돈을 빌려주는 일을 반복합니다. 거절을 했을 때 상대가 불편해질까 봐, 또는 상대가 나를 나쁘게 평가할까 봐 거절하지 못하는 겁니다. 그럴 때는 "나는 친구와는 금전거래를 하지 않는다. 잘못해서 친구를 잃게 되는 게 더 두렵거든"처럼 직접적으로 말하거나, "상황이 많이 나쁜가 봐. 내가 해줘야 하는데 어떡하지. 내가 지금 사정이 여의치 않아서"라고 거절하되 상대를 걱정하는 마음과 개인적 사정을 함께 알리는 것이 좋습니다. 이때 너무 자세하게 사정을 이야기하지는 않는 것이 좋습니다. 너무 상세하게 이야기할수록 상대가 변명처럼 여길 수도, 결국 거절할 수 없는 여지를 주게 될 수도 있으니까요.

거절을 할 때, 때론 불편하고 미안한 마음이 들 수 있지만 그게 결코 나쁜 건 아닙니다. 좋은 사람으로 평가받고 싶다는 마음을 내려놓는다면 좀 더 주체적으로 살 수 있습니다. 저는 다른 사람을 불편하게 할 수 있어야 편하게도 해줄 수 있다고 봅니다. 거절은 상대를 잠시 불편하게 할 수 있지만, 더 오래 관계를 유지하는 데 도움을 준다는 걸 명심해야 합니다.

사실 거절에 정도(正道)는 없습니다. 상황에 따라, 상대에 따라 거절의 이유도, 방법도 천차만별이죠. 거절할 일이 없으면 좋겠지만 거절할 일은 반드시 생기고, 나 자신을 위해 반드시 해야만 하는 게 바로 거절입니다. 다만 나의 상황도 전하고, 상대의 마음도 다치지 않게 하는 '부드러운 거절'을 할 줄 안다면 가장 좋을 겁니다.

서운함을 표현하는 방법

살다 보면 서운한 감정이 생길 때가 많습니다. 마음에 아쉽거나 섭섭한 감정, 서운함. 가벼운 감정 같아도 이 서운함 때문에 심한 슬픔을 느끼는가 하면 아예 관계를 단절시켜 버리기도 합니다. 그렇기 때문에 서운함을 잘 표현하는 것도, 타인이 서운한 감정을 갖지 않도록 배려하는 것도 중요하죠.

이 감정은 오히려 가까운 사이일수록 더 증폭됩니다. 가족이나 연인 사이일수록 더 그렇습니다. 나에 대해 다 알고 있는 것 같아서, 기대가 커서, 그 기대가 깨어질 때 서운한 감정은 걷잡을 수 없이 커집니다. 다만 원래 가족끼리는 서운함으로 인해 관계가 어긋나도 다시 연결되곤 하지만 새롭게 가족이 된 경우에는 서운함으로 인해 벌어진 간극을 좁히기가 쉽지 않습니다.

가까이하기엔 너무 먼 시댁을 재치 있게 표현한 신조어가 '시월드'입니다. 시월드는 시어머니, 시아버지, 시누이처럼 '시'자가 들어간 가족관계를 말하는데요. 한국 여성들이 느끼는 가장 큰 스트레스가 고부갈등이나 시댁과의 관계에서 비롯된 스트레스다 보니, 부정적인 의미로 만들어져 사용되고 있습니다. 최근에는 '처월드'라는 신조어도 생겨났는데요. 아내의 가족들, 그러니까 장인, 장모, 처제, 처남 등과의 가족관계를 일컫습니다. '처월드'는 여성의 달라진 위상과 관련이 있는데요. 과거에 비해 높아진 여성의 교육 수준과 경제력으로 인해 처월드 역시 남성들에게 커다란 스트레스 요소로 작용하고 있습니다.

수십 년 동안 다른 가족 문화 속에서 살다가 '결혼'이라는 제도로 한 울타리로 엮이다 보니 의사소통이나 감정표현에 있어 어려움을 겪는 경우가 많습니다. 그 표현의 정도가 집집마다 다르기 때문에, 자신의 경험을 근거로 발화의 의도를 다양하게 해석할 여지가 생겨나게 되는 것입니다.

가령 시어머니의 "나는 자식들 아침밥 한번 안 굶기고 키웠다"라는 말은, 받아들이는 며느리 입장에서는 상처가 되고 서운함을 느낄 수 있습니다. 어머니 입장에서는 사실을 말한 것이라 할 수 있지만, 듣는 사람은 자신이 비난받고 있다는 생각이 들 테니까요. 역으로 며느리에게 무언가 가르쳐주려 할 때, "어머니, 그런 건 말 안 해주셔도 돼요. 요즘 인터넷 보면 다 나와 있어요"라고 말을 끊어버리면 시어머니는 '나를 존중하지 않는구나'라는 생각에 서운함을 느낄 수 있습니다.

서운한 감정을 건드리는 말이 반복된다면 그냥 피한다거나 건성으로 대응하기보다는 감정을 적극적으로 표현하는 것이 좋습니다. "어머니 제가 살림을 잘 못 해서 답답하시죠… 저도 어머님 말씀처럼 그렇게 해보려 하는데 그게 잘 안 되네요"처럼 말하는 것이죠. 상대의 말을 이해했고, 현재 노력하고 있음을 표현하는 것이죠. 물론 일차적인 표현 자체부터 상대를 존중하는 표현을 쓴다면 가장 좋을 겁니다.

상대에게 서운한 감정이 들지 않도록 말하는 것도 의사표현에 있어 매우 중요합니다. 요즘 결혼 후 예고 없이 불쑥 방문하는 시가, 처가 식구 때문에 고민하는 분들이 많습니다. 어떤 여성분은 외출하고 집에 들어갔더니 소파에 앉아 있는 시어머니 때문에 귀신을 본 것처럼 놀랐다고 하시더군요. 남편인 줄 알면서도 도어락 누르는 소리만 들려도 시어머니일까 조마조마하다는 분도 있었습니다. 이럴 때는 피해줬으면 하는 요일이나 시간대를 정해 먼저 공손하게 얘기하는 것이 좋습니다.

"어머니, 오시는 건 환영인데요. 제가 월요일이나 금요일에 주로 밖에서 일을 보거든요. 그때는 피해서 오시면 안 될까요?"

이런 식으로 미리 가이드라인을 정해 공유하는 것이죠. "어머님 제발 오시지 마세요"라고 표현하는 것보다 훨씬 효과적일 겁니다. 물론 이렇게 간단한 말도 꺼내기 어려워 힘들어하는 분들이 많지만 말이죠.

가까운 사이, 가깝지만 어려운 사이일수록 자신의 의사나 감정을 표현할 때 더욱 많은 고민을 해야 합니다. 잊지 말아야 할 점은 상대를 배려하는 말 한 스푼과 나를 위한 표현 한 스푼, 이렇게 두 스푼은 반드시 들어가야 한다는 겁니다. 나와 상대, 모두를 위해서 말이죠.

조언의 방법

누군가에게 어떤 조언을 듣고 나서 더 마음이 상하고 그 사람과 다시는 이야기하고 싶지 않다고 생각한 경험 한 번쯤 있을 겁니다. 의도야 좋을 수 있지만 서툰 조언은 하는 사람, 듣는 사람 모두에게 상처가 될 뿐이죠.

자신은 처음 하는 충고일지 몰라도, 당사자는 귀에 못이 박히도록 들어왔거나 이미 알고 있는 경우가 많습니다. 남에게도 쉽게 보이는 결점이 자신에게는 오죽할까요. 나도 알고 있는 사실을 타인의 입으로 듣는다는 건 상상외로 괴로운 일일 겁니다. 게다가 조언이란 게 대부분은 자신의 가치관을 기준으로 판단하는 거라서 최악의 경우 헛다리를 짚는 경우도 많습니다.

대화를 열기 위해서는 조언보다는 '질문'을 하는 게 좋습니다. 가령 상대가 "요즘 회사 다니기 너무 힘들어, 나 그만둘까 봐"라고 말할 때 "너뿐만 아니라 다들 힘들어. 어렵게 들어간 회사인데 계속 다니지 그래? 나중에 후회한다"라고 말하는 것과

"정말 힘들었나 보네. 네가 얼마나 힘들기에 어렵게 들어간 회사를 그만두겠다고 하는 거야?"라고 말하는 것은 큰 차이가 있습니다. 후자처럼 상황을 공감하고 존중하는 태도로 질문을 하면, 상대는 힘들었던 시간들을 복기하며 자신을 돌아보는 기회를 갖게 될 것입니다.

자기 의견을 강하게 내세우면 그 의견이 아무리 옳더라도 상대는 공격받는 입장이 되기 때문에 쉽게 받아들이기가 어렵습니다. 대화법 중 '레토릭법'이란 게 있습니다. 의견을 직접 말하지 않고 '~라고 생각할 수 있을까?'라고 질문을 던져 조언하거나 설득하는 방법이죠. 가령 회사 일이 많다고 불평하는 친구에게 어떤 조언을 하고 싶다면 "불평한다고 해결될 일이 아니야"라고 직접 말하는 것보다 "그래도 열심히 일하고 주말에 놀러 가면 기분이 더 상쾌하지 않아?"라고 질문을 하는 겁니다. 질문 형식이니 저항은 줄고, 상대는 답을 내기 위해 자신의 일상을 돌이켜보게 되는 효과가 있습니다.

공부하기 싫어하는 고3 학생에게 "이런 식이면 대학에 갈 수 없을 거야"라고 말한다면 역효과만 날 뿐이죠. 이럴 때는 질문 형식으로 "대학 가면 실컷 놀 수 있을 텐데, 그게 더 좋지 않을까?"라고 질문을 던져보는 겁니다. 사람에 따라 질문이 달리

읽힐 수도 있겠지만 '스스로 생각해보게 한다'는 점에서 레토릭법은 매우 유용합니다.

　제가 상담할 때 가끔 사용하는 방법 중 최면에서 응용한 대화법이 있습니다. 압박감으로 인해 공부에 흥미를 잃은 고3 수험생에게 불필요한 조언 대신, 변화했을 때의 상황을 가정해 말을 건네는 것이죠. "내년 이맘때면 대학 축제 기간이라 정신없겠네. 그땐 캠퍼스 커플이 되어 있으려나?" 라고 말하면 "에이 난 캠퍼스 커플은 부담스러운데. 뭐 그래도 생긴다면 같이 축제를 즐겨야죠"라고 상상하게 될 겁니다. 이런 대화는 '대학 입학을 위해 공부를 해야 한다'는 사실을 저항 없이 받아들이게 해주죠.

　조언에 서툰 사람이라면 '질문'이 유용하단 걸 잊지 말아야 합니다. 그러나 무엇보다 가장 중요한 게 있는데요. 바로 조언에도 '때'가 있다는 사실입니다. 심리상담학에서 '조언은 가장 게으른 대화다'라는 말이 있습니다. 가장 쉽게 꺼낼 수 있는 말이자, 대화의 문을 닫을 수 있는 말이 바로 조언이기 때문이죠. 조언은 하나의 결론이 정해져 있기 때문에 거기서 더이상 할 말이 없어집니다. 때문에 조언은 대화의 가장 마지막으로 미룰 수 있을 때까지 미뤄야 합니다.

정신과 의사인 저 또한 한마디의 조언을 건네기 위해, 4~5
개월 동안 묵묵히 듣고 기다릴 때가 있습니다. 상대가 받아들일
준비가 안 된 상태에서 던지는 조언이나 충고는 마음에 폭력이
될 수 있습니다. 물론 꼭 필요한 조언도 있습니다. 그럴수록 묵
은지처럼 푹 익히고 묵혀, 충분히 경청한 후 대화의 가장 마지
막에 하는 게 좋습니다.

긍정 표현법

표현에 서툰 사람에게 있어 표현을 부드럽게 만들어주는 마법의 열쇠와도 같은 방법이 있습니다. 다름 아닌 '긍정의 표현'인데요. 쉬워 보이지만 말처럼 쉽지 않은, 하지만 효과만큼은 강력한 방법입니다.

우울증이나 불안증이 있는 사람일수록 '부정어'를 빈번하게 사용합니다. 그런데 부정어를 사용하는 것은 단지 언어 습관에 머무는 것이 아니라 자신은 물론 타인의 생각이나 마음에도 변화를 주는데요. 부정어를 사용하면 과거와 현재의 자신은 물론, 미래까지도 부정적으로 바라보게 됩니다. 심리학이나 언어분석연구에서 발견한 중요한 사실 중 하나가 '말을 바꾸면 생각이나 마음에도 변화를 줄 수 있다'는 겁니다. '꾸준히 운동하면 건강하게 장수할 수 있습니다'와 '꾸준히 운동하지 않으면 병들어 일찍 사망할 수 있습니다'는 사실 비슷한 내용이지만 받아들이는 느낌은 다릅니다. 돈을 안 쓰는 사람에게 '구두쇠'라고 말하는 것과 '검소한 사람'이라고 하는 게 전혀 다른 것처럼 말이죠.

일상에서 '~때문에'를 자주 쓰는데요. "너 때문에 손해 봤어, 당신 때문에 지각했잖아"처럼 무심코 사용하는 '때문에'를 '덕분에'로 바꾸면 상대를 존중하는 기분 좋은 대화를 할 수 있습니다. 또 반대 의견을 말할 때 한국인은 보통 긍정적인 면을 먼저 얘기하고 부정적인 얘기를 나중에 합니다. 이걸 'Yes, But~' 화법이라고 하는데요. 가령 학생이 리포트 숙제를 제출했을 때 "아이디어는 괜찮네, 하지만 세부적인 계획이 부족해"라고 말하는 식이죠. 이런 표현은 상대에게 부정적인 내용만 기억하도록 만듭니다. 이럴 때는 '하지만' 보다는 '그런데'로 시작해 질문으로 마무리하면 상대가 받아들이기에 훨씬 부드러워집니다. "아이디어가 괜찮네. 그런데 세부적인 걸 좀 더 보강하면 어떨까?"라고 말이죠. 이렇게 하면 부정적인 뉘앙스가 적어 상대가 받아들이기 부담스럽지 않습니다. 또 다른 방법은 긍정에서 시작해 부정으로 마무리하는 게 아니라 '긍정 → 부정 → 긍정'으로 마무리하는 겁니다. "아이디어가 좋네. 그런데 세부적인 면이 조금 아쉬운데 이 점을 보강하면 더 좋아지겠어. 점점 성장하는 것 보니까 다음 리포트가 더 기대되는걸"이라고 말하는 것이죠. 이런 긍정의 표현은 상대에게 자기 의견을 전달하는 것뿐만 아니라, 상대가 더 발전하게 도와줍니다.

저는 상담을 할 때 환자분들이 하는 말을 이어받아서 들려주는 편인데요. 부정어일 경우 긍정적인 말로 고쳐서 들려 드립니다.

"제가 말주변이 없어서" → "말씀하실 때 신중하시네요"
"제가 감정 기복이 심해서" → "감수성이 풍부하신가 봐요"
"제가 꼼꼼하지 못해서" → "너그러운 편이군요"

이렇게 의식적으로 긍정의 표현으로 바꿔드리는가 하면, 상대의 이야기에서 긍정적인 포인트를 찾아 요약해 되돌려주기도 합니다. 가령 "요즘 너무 힘들어요, 뭐라도 해보려고 노력해도 계속 실패만 해요"라고 말한다면 "실패 속에서도 힘들지만 계속 노력하고 계시네요"라고 말씀드리는 것이죠. 사소해 보이지만 긍정의 표현을 자주 사용하고, 자신의 감정에서 긍정적인 면을 찾아 표현하다 보면 대화도, 일상도, 한결 수월하고 편안하게 느껴질 겁니다.

타인과 대화하는 것에 유독 서툰 사람이 있습니다. 달변의 사회자가 TV 프로그램마다 넘쳐나고 재치 있는 입담으로 일반인조차 크리에이터가 되는 세상에서, 타인과 말하는 것 자체를 두려워하고 대화에 잘 끼지 못하는 사람은 자신을 지독히 무능하다 여깁니다.

대화를 어려워하는 것은 대부분 심리적 요인 때문입니다. 말할 때 상대가 나를 어떻게 여길까, 실수하진 않을까, 재미없다고 '핵노잼'이라 하지 않을까와 같은 고민을 합니다. 복잡한 생각이나 마음에 가로막혀 입을 떼기 어려운 겁니다. 대화를 잘하는 사람을 보면 특별히 타고난 재주를 갖고 있기보다, 상대의 마음과 내 마음을 잘 살필 줄 아는 경우가 많습니다.

춘추전국시대 '묵자'라는 사상가는 이런 말을 남겼습니다.

하나의 귀로 듣는 것보다는 두 개의 귀로 듣는 것이 더 잘 들린다.

대화라는 게 혼자 하는 독백이 아니다 보니 대화의 주인공은 둘 또는 그 이상인 셈입니다. 말 잘하는 법에 대한 책들이 넘쳐나고 스피치 학원도 많지만 대화에서는 말을 잘하는 것보다 상대의 말을 잘 듣는 것이 훨씬 중요합니다. 대화를 잘 못하는 사람이 가장 자주 하는 말이, "나는 말주변이 없다"는 건데요. 말 잘하는 달변가라 해서 인간관계가 좋은 것은 아닙니다. 아마 주변에서 그런 분들 많이 보셨을 겁니다. 언제나 매끄럽게 이야기하고 항상 대화를 주도하지만 주변 사람이 하나둘 떠나가는 경우를 말이죠. 일방적으로 자신의 말만 하면 소통이 이뤄지지 않습니다. 어느 누구에게나 내 이야기를 하고 싶어 하는, 내 말을 상대가 들어줬으면 하는 마음, 공감받고 이해받고 싶은 마음이 있습니다. 대화를 잘하기 위해서는 대화의 주도권을 상대에게 넘기는 용기가 필요합니다.

제가 정신분석을 진행하며 만난 두 분으로부터 제 얼굴을 그린 그림을 선물 받은 적이 있습니다. 정신분석은 말로 하는 치료인데요. 한 번에 40분 이상, 길게는 몇 년씩 진행하기도 합니다. 그림 하나는 서울 삼성의료원에 있을 때 여고생에게서, 다른 하나는 지금 진료하고 있는 해동병원에서 20대 여성분에게 받은 것입니다. 서로 다른 시간에, 다른 공간에서 받은 그림인데 신기하게도 공통점이 있습니다. 두 그림 모두 제 귀를 과장해서, 굉장히 크게 그렸다는 점입니다, 자신들의 이야기를 잘 들어줘서, 경청해줘서 고맙다는 뜻인가 생각했는데, 보면 볼수록 환자들의 말을 더욱 잘 경청해달라는 준엄한 요구가 아닌가 하는 생각이 들더군요. 경청은 의사인 저에게도, 대화를 하는 모든 사람에게 꼭 필요한 덕목이 아닐까 싶습니다.

** 위에 언급한 그림 두 점은 책의 마지막 부분에 수록되어 있습니다.

듣는 것과 경청하는 건 분명한 차이가 있습니다. 최상의 대화는 듣는 게 아니라 경청하는 것인데요. 경청은 그냥 상대의 말을 무작정 듣고만 있는 게 아니라 상대의 마음을 헤아리고 공감을 표시하며 이야기를 듣는 능동적인 행위입니다. 저는 '상대의 자존감을 높여주는 대화'가 가장 좋은 대화라 생각합니다. 상대방이 편안하게 자신의 얘기를 할 수 있게 해주고, 상대의 말에 관심을 보이고, 공감하고, 긍정적으로 반응을 해주는 그 모든 행위가 바로 경청인 것이죠.

조금 더 이야기해 볼까요? 경청에도 좋은 태도가 있습니다. 제 의견이지만 경청에서 가장 중요한 건 "난 몰라요"와 같은 태도로 듣는 거라 봅니다. 사람의 심리에 대해 공부를 하다 보면, 짧은 대화를 주고받고도 상대의 심리가 읽히고, 상대를 전부 알 것 같지만 사실 그런 태도는 상당히 위험합니다. 상대가 이야기

를 채 마치기도 전에 그 사람이 처한 상황이나 심리를 속단하기
보다 '나는 알지 못합니다'라는 마음으로 경청하며 상대의 마음
을 살피는 과정이 중요한 것이죠. 정신분석가 라캉은 "사람들이
서로 대화를 주고받을 수 있는 건 서로 간의 오해 때문이다"라
는 말을 했습니다. 정신분석가는 귀가 잘 들리지 않는 것처럼,
자신이 이해하지 못한 것처럼 행동해야 하고 더 잘 듣기 위해
무식해 보이는 척하는 걸 두려워해서도 안 된다고 말이죠. 표현
이 서툴다면 경청해 보세요. 어느 순간부터 가장 능동적인 대
화를 하고 있는, 잘 모르는 상대와도 언제든 친밀하게 소통하고
있는 자신의 모습을 발견하게 될 겁니다.

7장

'슬픔'에 서툰 당신에게

만남이 있으면, 헤어짐이 있습니다. 태어남이 있으면 죽음이 있죠. 계절이 지나듯 자연스러운 순리지만 소중한 무언가를 잃는 경험, 거기서 비롯된 슬픔은 결코 익숙해지지도 말끔히 사라지지도 않습니다.

상실에 대한 슬픔을 정신적으로 처리하는 과정을 '애도'라고 합니다. 여기서의 상실은 사랑하는 사람과 이별하거나 죽음만을 뜻하는 게 아닙니다. 나에게 의미 있는 대상, 다시 말해 소중한 직장을 잃어버리거나 자녀가 독립해서 부모 곁을 떠나는 상황, 질병으로 신체 능력이 저하되는 것 또한 해당합니다. 비단 지근거리가 아니더라도 세월호 참사처럼 안타깝게 세상을 떠난 희생자와 소중한 대상을 잃어버린 유족의 슬픔에 공감하며 함께 애도하기도 합니다.

애도는 상실로 인해 벌어지고 찢어진 정신의 상처를 회복하는 중요한 과정입니다. 소중한 가족을 떠나보내고 장례를 치르고 오신 분들께 제가 제일 먼저 하는 질문이 있습니다.

"많이 우셨습니까?"

쓰러질 정도로 통곡을 했다고 하면 오히려 안심이 됩니다. 눈물이 안 난다, 아직 실감이 안 나고 꿈꾸는 것 같다고 하시면 오히려 더 긴장이 되죠. 왜냐하면 슬픔의 감정은 억누르면 그게 곪아서 나중에 더 깊은 우울로 빠지게 되기 때문입니다. 정신분석가인 프로이트는 애도를 노동에 비유하며 '애도작업'이라 표현했습니다.

> 소중한 사람이 사라지면 자연스럽게 잊히는 게 아니라, 힘든 노동을 통해서 사랑하는 사람으로부터 우리 자신을 떼어내는 고통스러운 작업을 해야 한다.

그의 말처럼 고통스러운 노동이 수반되는 것이 애도입니다. 저절로 사라지는 슬픔은 없으니까요. 상실을 직면하고 통곡하는 것도 일종의 기억하는 방식이고 중요한 애도작업입니다.

애도의 방법은 사람마다 다르고, 애도의 기간 또한 정해져 있지 않습니다. 제가 만난 한 할아버지는 키우던 반려견이 죽자 슬픔에 빠져 상담을 하러 오실 때마다 울며 통곡 하셨습니다. 한번은 서울에 사는 자녀분들이 내려와 "도대체 이해가 안 된다, 우리 아버지는 강했던 분인데 개 한 마리가 죽었다고 6개월 넘게 눈물을 흘리고 슬픔에 잠긴 모습이 당황스럽다"고 하시더군요. 그런데 슬픔은 철저히 개별적인 겁니다. 할아버지에게 그 반려견은 자녀분들이 모두 서울로 떠나고 홀로 된 5년을 함께 해준 가족이었죠. 그런 반려견의 죽음은 자식을 잃은 뼈아픈 슬픔이었을 것입니다. 우리가 사랑하는 무언가를 상실한 아픔에서 조금씩 멀어지기 위해서는 사랑하는 만큼 울어야 합니다. 조금 긴 시간이 걸릴지라도 말이죠.

프랑스 철학자이자 문학비평가인 롤랑 바르트의 저서 중 『애도 일기』라는 책이 있습니다. 그의 나이 예순두 살에 어머니가 병으로 세상을 떠나자 이 세계적인 철학자는 예순이 넘은 나이에도 불구하고 어머니 돌아가신 다음 날부터 3년 동안 애도 일기를 썼습니다. 고통스런 애도작업을 3년이나 한 것입니다. 제가 초등학교 3학년 때 친형을 먼저 떠나보내고 오랜 세월에 걸쳐 슬픔을 극복하는 데 위로가 되어준 책인데요. 가장 기억에 남는 한 부분을 함께 나누고자 합니다.

나의 슬픔은 그러니까 외로움 때문이 아니다. 나의 슬픔이 놓여있는 곳, 그곳은 다른 곳이다. '우리는 사랑했다'라는 사랑의 관계가 찢어지고 끊어진 바로 그 지점이다. 가장 추상적인 장소의 가장 뜨거운 지점. 나는 슬픔 속에 있는 게 아니다. 나는 슬퍼하는 것이다. 갑자기 아프게 찌르고 들어오는 슬픔, 나는 오랫동안 혼자 운다.

장거리 연애를 하는 커플이 있습니다. 남성분은 서울 사람, 여성분은 부산 사람이었죠. 3년 동안의 장거리 연애를 끝내고 결혼을 해 부산에서 함께 신혼생활을 하기로 했는데 갑자기 여성분에게 심한 우울증이 찾아왔습니다.

얼핏 보면 염원하던 일이, 바라던 목표가 이뤄지자 갑자기 허무해진 게 아닐까 생각이 들 수 있습니다. 그런데 심리분석을 진행하다 보니 여성분이 장거리 연애를 버틸 수 있었던 원동력이 바로 '떠나는 순간', '작별 인사를 하는 순간'에 있었음을 알게 됐습니다. 여성분의 아버지는 그녀가 12살 때 암으로 돌아가셨는데요. 가족 중 그 누구도 아버지의 병을 알려주지 않아 작별 인사도 하지 못한 채 아버지를 떠나보냈다고 합니다. 12살 때 아버지에게 하지 못했던 작별 인사를, 먼 거리에 있던 남자친구와 헤어질 때마다 열정적으로 해왔던 것이죠. 그래서 함께 살기로 결정하고 서울과 부산이라는 거리가 제거되자 사랑이 시들고 깊은 우울이 찾아온 겁니다. 이 여성분은 이별 경험을 할 수 있는 남자와 사랑에 빠질 수밖에 없었던 것인데, 그 기저에는 미처 끝내지 못한 아버지에 대한 애도가 무의식에 자리 잡고 있었습니다.

이런 현상을 일컬어 '기념일 반응'이라고도 합니다. 이별이나 사별과 관계된 중요한 날에 신체 변화나 병이 발현되는 것이죠. 정작 본인은 자신이 왜 아픈지 잘 알지 못하지만, 제가 정신분석을 하면서 자주 목격하는 중요한 현상입니다.

기념일 반응은 애도작업을 제대로 끝내지 못했을 때 나타나는 일종의 잔류현상입니다. 미국에서 대규모로 진행된 연구가 있는데요. 성인이 되어 몸이 아파 입원한 날짜가 유년기에 겪은 부모의 사망 날짜와 놀랍도록 일치한다는 것이죠. 또 과거 돌아가실 당시 부모님의 나이가 마흔둘이었다면, 자신의 나이가 마흔둘이 되었을 때 아프고 병에 걸릴 확률이 높다는 겁니다.

제가 만난 분 중, 매년 목련이 지는 걸 보면 우울이 깊어지고 아픈 분이 있었습니다. 몇 년 동안 그 이유를 아무도 알지 못하다 정신치료를 진행하며 알게 되었죠. 그분이 중학생 때, 학교에서 담임선생님으로부터 아버지가 갑자기 돌아가셨다는 얘길 듣게 됩니다. 울며 가방을 챙겨 학교를 나서는데, 봄날이었고 뛰는 도중 어느 순간엔가 목련꽃이 한꺼번에 지는 장면이 눈에 들어왔다고 합니다. 그날 이후로 아버지를 상실한 기억을 억압한 채 살아왔는데요. 마흔 중반이 될 무렵부터 목련이 지는 걸 볼 때마다 깊은 슬픔이 밀려왔던 겁니다. 놀랍게도 아버지가 돌아가신 나이도 마흔 중반이었죠. 목련이 지는 장면이 끝내지 못한 애도를 떠올리게 했던 겁니다.

저는 아직 세월호 참사에 대한 애도를 끝내지 못했습니다. 노란 리본을 보면 가슴이 미어지고, 왠지 모를 슬픔이 느껴질 때 달력을 보면 어김없이 4월 16일을 가리키고 있습니다. 영문도 모른 채, 작별 인사도 하지 못하고 사랑하는 사람을 떠나보내야 했던 유족분들은 더욱 그러할 겁니다. 유족분 중에는 "아이가 문을 열고 들어올 것 같다"고 말합니다. 아이가 돌아올 것 같아 아이와 관련한 어떤 것도 버릴 수 없다고도 합니다. 애도가 가능하기 위해서는 '사라짐의 흔적'이 있어야 합니다. 사라진 흔적이 있어야 기억할 수 있고, 기억할 수 있어야 비로소 애도를 할 수 있는데요. 흔적을 찾아 주어야 할 공권력은 사건을 가리기에만 급급해 애도는커녕 울분과 분노를 만들기도 했습니다. 세월호 참사는 개인적 차원의 애도를 넘어 사회적인 애도와 치유작업이 반드시 필요할 것입니다.

슬픔을 달래는 방법

슬픔을 표현하는데 서툴러 애초에 애도를 시작조차 못했거나 애도를 끝내지 못한 사람은 마음속 어딘가에 무거운 슬픔주머니를 매달고 살아가는 것과 같습니다. 그렇게도 살아갈 수 있을지는 모르나, 문득문득 찾아오는 우울과 슬픔에 괴로움을 느끼게 될 겁니다. 이것이 우리가 힘들어도, 크게 울고, 더욱 기억하며, 떠나보내야 하는 이유죠.

사랑하는 이를 상실한 사람에게, 주변 사람들은 위로의 말로 이런 얘길 합니다.

"이제 그만 잊어버려. 세월이 흘렀으니 이제는 마음에서 지워야지."

슬픔 속을 헤매다 저를 찾아온 분들은 저런 말이 자신들을 더욱 화나게 하고 상처가 아물지 못하게 한다고 합니다. 일반적인 통념과는 달리 상처를 떠나보내려면 '잊는 것'이 아니라 반대로 '기억'해야 합니다. 상실로 인한 슬픔은 잊으려 할수록 오히려 내 안에 악착같이 달라붙습니다. 역으로 사라진 흔적을 기억하려 애쓰면 느슨하게 풀려 잊게 되고요. 우리 사회는 고인(故人)을 떠올리게 하는 것이 혹여 상처가 될까 봐 언급하는 것조차 금기시하는 경우가 많습니다. 하지만 오히려 고인과 관련한 일화를 이야기 나누며 기억하도록 하는 게 좋습니다. 연인과의 이별 후 힘들어하는 경우도 마찬가지입니다. 앞서 사라짐의 흔적이 남아야 기억할 수 있다는 말씀을 드렸는데요. 말이나 글로도 사라짐의 흔적을 만들 수 있습니다. 저는 대화를 하거나 일기나 편지처럼 글을 쓰는 것을 권해드렸지만 사실 어떤 방식이든 좋습니다. 빈 노트 한 권 들고 추억이 담긴 장소를 찾아다녀도 좋고, 낯선 여행지에서 시간을 보내도 좋습니다. 거기서 문득 그리움이 밀려온다면 그 감정을 노트에 담고, 눈물이 흐르면 마음껏 울고 오라고 권합니다. 기억하기 위함이라면 어떤 방식이든 도움이 될 겁니다.

지금 이 책을 읽는 순간에도 사랑하는 사람이 떠올라 그 슬픔으로 힘든 분이 있을 겁니다. 이성복 시인의 시(詩) 중 "우리가 아픈 건 삶이 우리를 사랑하기 때문이다"라는 구절이 있습니다. 사랑은 아픔을 수반합니다. 사랑한다면 기억하고, 사랑한다면 떠나보낼 수 있어야 한다고 말씀드리고 싶습니다.

8장

‘용서’에 서툰 당신에게

쉽지 않은 용서

우리는 살아가며 누군가에게 상처를 주기도 하고 상처를 받기도 합니다. 깊은 상처일수록 그 벌어진 틈을 통해 원한이나 미움, 증오, 복수심이 같은 감정들이 가득 차게 되는데요. 이러한 감정은 상처를 더욱 비집고 자라 평생을 과거의 상처에 갇혀 오늘도 내일도 없이 살아가게 만듭니다.

이러한 고통에서 빠져나올 수 있도록 해주는 게 '용서'입니다. 용서가 미덕인 건 알지만 나에게 상처를 입힌 사람을 용서한다는 건 말처럼 쉬운 일이 아닙니다. 거의 모든 종교에서 마지막으로 강조하는 게 용서입니다. 그만큼 용서가 어렵기 때문이죠. 심리학적으로 용서가 어려운 이유는 용서라는 게 자기 자신에 대한 배신이기 때문입니다. 피해를 당한 사람은 '어째서 나에게 이런 나쁜 일이 생겼을까?'라며 끊임없는 질문을 합니다. 그 속에서 자신만의 답을 가지려 하는데, 많은 경우 상대가 지독한 악인이라서 내가 이런 일을 당했다고 생각합니다. 그러자면 상대를 결코 용서할 수 없는 악마로 만들어야 합니다. 무너진 자기 자신을 일으켜 세우려면, 분이 풀리려면 상대에게 계속 저주를 퍼붓고 심리적 응징을 해야만 합니다. 이런 마음 상태에서 상대를 용서한다는 건, 스스로를 배신하고 악마의 편을 드는 셈이 됩니다.

상대가 계속 악마로 남는 것은 괜찮습니다. 하지만 그런 마음을 가지고 살아가야 하는 건 바로 상처받은 나 자신입니다. 어쩌면 용서는 상대를 위한 것이 아니라 나를 위한 것일지 모릅니다. 그 사람이 용서받을 만해서가 아니라 나를 위해, 내 마음의 행복을 위해 심리적인 용서가 필요한 것이죠.

철학자 니체는 어린아이를 가장 위대한 인간으로 비유합니다. 어린아이들은 쉽게 용서하고 과거에 얽매이지 않습니다. 친구와 다퉈도 내일이면 금세 같이 어울리는 것이 아이들이니까요. 용서만이 과거에 갇힌 나를 끄집어내, 앞으로 나아가게 만들어줄 겁니다.

상처 놓아주기

'어떻게 타인을 용서할 것인가'에 대한 연구를 진행해 온 미국의 심리학자 워딩턴 교수가 있습니다. 그는 '용서'라는 주제로 오랜 시간 연구해왔는데요. 어느 날 그의 어머니가 무단 침입한 강도에게 끔찍하게 살해당하는 사건이 발생합니다. 겨우 50달러도 안 되는 돈을 챙기기 위해 어머니를 잔혹하게 살해한 현장을 그가 직접 목격하고 큰 충격을 받았죠. 용서에 대해 평생을 연구하던 학자로서의 정체성이 흔들릴 만큼 분노했고, 강도에게 복수하는 상상을 하며 괴로워했습니다. 결국 워딩턴 교수는 강도를 용서하기로 결심하고, 힘겹게 용서합니다. 그는 어머니를 살해한 강도를 용서하며 이런 말을 남겼습니다.

사람들 관계에서 상처를 다루기 위해서는 상처를 놓아줘야 한다. 나는 아직도 강도와 대화할 자신이 없다. 용서는 상처를 놓아주는 것이다. 어쩌면 나는 마음으로 용서한 게 아니라 그저 놓아주는 쪽을 선택한 것이다. 그냥 놓는 거다, 더 이상 나를 괴롭히지 않도록. 용서는 상처를 놓아주는 것이다.

제가 만난 20대 중반의 청년은 거리에서 모르는 사람과 며칠에 한 번씩 꼭 시비가 붙곤 했습니다. 우연히 다른 사람과 눈이 마주치면 그게 마치 자신에게 시비를 거는 것처럼, 공격적으로 느껴져 자신을 보호하려면 싸울 수밖에 없었다고 말이죠.

상담을 진행하다 알게 된 사실은 그가 학창시절 학교폭력 피해자였다는 겁니다. 몸이 왜소하고 내성적인 성격이라 동급생들에게 매일 구타를 당했죠. 특히 그분은 자신을 때리던 가해자의 눈빛과, 말리지 않고 구경만 하던 반 친구들의 눈빛에 깊은 상처를 받았다고 합니다. 그 후 유도나 무에타이를 배워 대회에서 종종 상을 받을 정도로 육체적으론 강해졌는데 심리적으론 성장하지 못했습니다. 이 청년은 거리에서 눈이 마주친 수백 명이 넘는 사람들에게 일일이 질문을 했다고 합니다. "방금 전에 나 쳐다봤죠? 왜 쳐다본 겁니까?"라고요. 대부분은 "당신을 쳐다본 거 아닌데요", "아무 생각 없이 우연히 본 건데요"라는 대답이 돌아왔지만 혹시 상대가 거짓말을 하는 건 아닐까 계속 헷갈렸다고 해요. 상담을 진행하면서 그 청년의 소원이 학창시절 자신을 때린 가해자를 한 명 한 명 찾아가 흠씬 패준 뒤, 그때 자신에게 왜 그랬는지, 왜 하필 자기였는지에 대한 질문에 답을 듣고 싶어 한다는 걸 알게 됐습니다. 불특정 다수에 대한 공격적인 태도, 특히 눈빛에 대한 집착은 학창시절 가해자의 공격적인 눈빛이나 구경하던 반 친구들의 시선으로 인해 느낀 수치심 때문이었고 그때의 감정은 여전히 그의 일상을 지배하고 있었습니다.

상담을 지속하며 이 청년은 이제 자신을 위해 가해자들을 용서하기로 합니다. 계속 원한과 복수심을 품으면, 독은 내가 마시고 남이 죽기를 바라는 거밖에 안 된다는 걸 알게 된 것이죠. 그는 이제 누군가를 원망하는 피해자가 아닌 나 자신으로 살겠다고 이야기합니다.

고부갈등 때문에 시어머니를 오랫동안 미워했던 여성분을 만난 적이 있습니다. 결혼 후 시어머니가 친정에 가지 못하게 해 결국 부모님이 돌아가실 때도 곁을 지켜드리지 못한 한(恨)이 남아 있는 분이었죠. 어느 날 그분의 증상이 갑자기 심해졌는데요. 무슨 일이 있으셨는지 물었더니 평생 자신을 괴롭히던 시어머니가 처음으로 이런 말을 하더라는 겁니다.

"내가 그동안 심했지. 이미 지난 일이잖니. 다 잊어버리자."

마땅히 내가 해야 할 용서를 상대방이 정하고, 따르도록 강요하고, 따르지 않으면 마치 내가 나쁜 사람인 양 느껴지도록 하는 시어머니의 말이 견딜 수 없어 몸과 마음에 통증이 심해진 겁니다. 저는 이분과 상담하면서 잊어버리는 게 아니라, 심리적인 용서를 하시도록 제안했습니다. 괴롭힘을 당했던 과거, 시어머니는 미운 채로 그대로 두고, 내 마음의 평화와 행복을 위해 상처에서 그만 자신을 놓으시라고 말이죠.

심리적인 용서는, 내 마음에 평안을 주는 게 목적입니다. 용서한다고 해서 반드시 상처 입힌 사람과 화해할 필요도, 가해자의 행동을 정당화할 필요도 없습니다. 마음에 원한과 복수심으로 가득 차 있다는 것은, 가해자가 내 마음의 방에 매일 매순간 살고 있다는 뜻입니다. 내 마음의 주인 자리를 가해자가 차지하고 있어, 나는 가해자를 평생 주인으로 모시고 살아가는 것이죠. 가장 건강한 복수는 내 마음의 방에 자리 잡고 있는 가해자를 끌어내 밖으로 던져버리는 것입니다. 과거의 상처나 원한에 얽매이지 않고 내 삶을 잘 살아가는 것이야말로 상처에 대한 가장 멋진 복수이자, 나 스스로를 괴롭히던 지난날의 나 자신과 용서하는 방법일 겁니다.

브레히트의 시(時) 중 이런 구절이 있습니다.

강한 자는 살아남는다.
그러자 나는 내 자신이 미워졌다.

원망과 증오의 대상이 남이 아니라 나 자신인 사람이 있습니다.

제가 만난 분 중에는 배에서 고기를 잡다가 사고로 물에 빠졌는데, 자기 혼자 살아남아 오랫동안 죄책감에 시달리는 분이 있고, 실수로 운전을 잘못해 동네 할머니를 돌아가시게 해 죄책감으로 몇 년째 폐인처럼 지내는 분도 있습니다. 아이가 아파트에서 추락했는데 엄마로서 아이를 잘 돌보지 못했다는 자책감에 이혼까지 하고 외롭게 사는 분도 있습니다. 이분들은 모두 "나는 나쁜 놈이야, 나쁜 놈이야"를 끊임없이 외치고 있었습니다.

그런데 우리가 살면서 겪는 모든 불행은 예방할 수도 없을 뿐더러, 실수하지 않는 사람은 없습니다. 나에게 약한 면, 부족한 면이 있다는 걸 받아들이는 데서 자신에 대한 용서가 시작됩니다.

그렇다면 좀 더 나아가 내가 상처를 준 사람에게 용서를 구하는 방법은 무엇일까요?

단순하지만 진정 어린 마음으로 '미안하다'라고 말하는 것이 아닐까 싶습니다. 한국 사람들은 사과하는 데 지나치게 인색한 경향이 있는데 생각해보면 '미안하다'는 말을 굳이 하지 않아도 상대가 알 것이라고 믿는다는 것이죠. 미안하다는 말을 하지 않으면 상대는 절대로 내 마음을 알 수가 없습니다. 진정성이 있는 사과만이 상대의 마음을 녹일 수 있습니다. 중요한 건 사과할 때 상대의 반응을 너무 기대하지 않는 게 좋다는 겁니다. 마음의 상처가 큰 경우에는 어떠한 사과로도 해소되지 않을 수 있습니다. 상대에게 용서를 강요한다면 그것은 더이상 용서가 아닙니다.

나도 누군가에게 가해자가 될 수 있고 상대도 실수할 수 있는 불완전한 사람이란 걸 받아들인다면 용서는 조금 더 쉬워집니다. 부모 또한 아직은 미성숙한, 나와 동등한 한 인간이라고 생각한다면 상처로 여겨지던 크고 작은 행동 하나하나가 이해

되고 용서될 수 있을 겁니다. 제가 정신과 의사로 일하며 느낀 점 중 하나가, 사람은 가장 어두운 순간에, 가장 아픈 순간에도 성장할 수 있다는 겁니다. 괴롭더라도 용기를 낸다면 당신은 분명 조금 더 성장할 겁니다. 용서를 결심하고 나면 공개적으로 용서의 다짐을 알리는 게 좋습니다. 주변에 알리고 용서의 편지를 쓰는 것도 도움이 됩니다. 무겁게 써온 자신의 인생에다 긍정적인 마침표를 선물하는 것이죠. 용서라는 대담한 결정을 내린 멋진 나를 주인공으로 말입니다.

9장

'선택'에 서툰 당신에게

"나는 아무거나"

두근거리는 점심시간. 뭘 먹을래? 라는 물음에 이렇게 대답하고 있진 않나요?

"나는 아무거나."

쉽게 결정하지 못하고 고민하는 선택장애를 일명 '햄릿증후군°'이라 부릅니다. 그나마 햄릿은 복수와 죽음 사이에서 갈등하지만, 사실 이 시대의 수많은 햄릿들은 별것 아닌 사소한 결정도 쉽게 내리지 못합니다.

° 햄릿증후군_ 햄릿은 셰익스피어의 4대 비극 중 하나이다. 삼촌이 자신의 아버지를 죽이고 자신의 어머니와 결혼한 상황에서 햄릿은 결정적인 복수의 기회를 잡는다. 하지만 마지막 일격의 순간 망설인다. 어머니를 생각하니 복수를 해도 괴롭고, 안 해도 괴롭기에. 차라리 이 모든 상황을 잊기 위해 죽음을 택할까도 고민이다. 바로 이 장면, 햄릿 3막 3장에서 세계 문학사에서 가장 유명한 독백이 나온다.
'죽느냐 사느냐 그것이 문제로다'

20세기를 대표하는 소설가이자 실존주의 철학가인 장 폴 사르트르의 『존재와 무』라는 책에는 '우리는 자유롭도록 선고받았다'라는 유명한 구절이 나옵니다. 그러니까 인간은 선택의 자유를 누리는 동시에 그 자유를 행사해야만 한다는 겁니다. 사르트르에게 선택의 자유는 인간에게 내려진 형벌이고 저주였습니다. 내가 뭔가를 마음대로 선택한다는 게 자유로운 일 같지만, 나의 선택에 따라 결과가 달라지고 그 결과 또한 온전히 자신이 책임져야 합니다. 그게 두려운 것이죠. 선택장애, 결정장애에는 이러한 '불안'의 감정이 내재되어 있습니다. 내가 어떠한 사람이라는 건 고정된 게 아니라 내가 일평생을 살면서 계속 선택하고 수정해야 하는 것인데, 모든 게 나의 선택에 달려 있고 책임을 져야 한다는 게 그만큼 무겁고 두렵게 느껴지는 겁니다.

　　많은 선택지는 결정을 더욱 어렵게 만듭니다. TV 채널만 해도 과거엔 서너 개뿐이었는데, 지금은 수백 가지가 넘습니다. 정보의 홍수 속에 선택지가 너무 많으면, 정보처리 과정에 문제가 생깁니다. 어떤 소비자를 대상으로 한 실험이 있는데요. 다양한 물건이 있는 매장과, 몇 가지로 추려 선택에 대한 고민을 줄여준 매장을 비교했을 때, 물건이 적은 매장에서 실제 더 많은 구매가 이뤄졌다고 합니다. 선택할 게 많은 상황이 오히려 잘못된 결정을 할지도 모른다는 불안을 가중시켜 선택을 어렵게 만드는 것이죠.

사실 선택장애, 결정장애라는 말은 정식 병명이 아닙니다. 그럼에도 불구하고 요즘 젊은 세대에서 광범위하게 쓰이는 말이자 현상이 되었습니다. 가령 옷을 살 때 누군가 동행해서 어울리는지 여부를 말해줘야 마음이 놓이고, 식사하러 갈 때도 맛집을 검색해서 찾아갑니다. 물건을 살 때나 영화를 볼 때도, 타인의 평가나 평점이 높은 쪽을 선택하는 경향이 있습니다. 선택에 서툰 사람일수록 이러한 정보에 더욱 의존합니다. 실패의 불안을 줄이기 위함인데 이러한 행동은 오히려 주체적인 선택을 어렵게 만들 뿐입니다.

선택장애가 있는 분들은 대개 지나치게 의존적이거나, 반대로 강박적으로 완벽주의적인 성격을 가지고 있습니다.

폭식하고 구토하는 문제로 저를 찾아온 20대 후반의 한 여성분이 있었는데요. 주변으로부터 결혼하라는 압박을 받고 있었는데, 자신을 좋아하는 두 명의 남자 사이에서 갈등하고 있었습니다. 이분이 어느 날 한번은 A라는 남자분을 진료실에 데려오더니, 다음엔 B라는 남자를 데려왔습니다. 그러고는 "선생님. 결혼상대자로 누가 더 낫나요? 나중에 원망하지 않을 테니 두 사람 중에서 골라주세요"라고 간청을 해서 제가 조금 당황한 적이 있습니다. 이분은 의존적인 성격을 가진 분이었는데, 상담을 진행하면서 자기가 정말 원하는 게 뭔지, 결정하는 게 왜 그토록 두려웠는지 이해하면서 조금씩 선택의 어려움을 극복해갔습니다.

완벽주의자나 강박적인 분들에게도 선택장애가 자주 발견

됩니다. 선택의 결과가 좋지 못할 거라는 불안감, 매사에 완벽한 결정을 해야 한다는 강박이 점점 심해져 결국 선택의 갈림길에서 도망치고 마는 것이죠. 이런 분들에게 가장 필요한 것은 '세상에는 어떤 완벽한 선택도, 완벽한 결정도 없다'는 걸 깨닫게 하는 것입니다. 자신을 그토록 힘들게 했던 선택의 문제들이 사소한 문제였다는 걸, 후회를 남기지 않는 완벽한 선택이란 애초에 존재하지 않는다는 걸 깨닫는다면 누구든 선택의 기로에서 다시는 도망치지 않을 겁니다.

선택에서 실패한 경험은 선택장애를 불러오기도 합니다. 진로를 선택하거나 결혼 배우자를 결정하고 새로운 사업을 선택하는 일처럼 중요한 순간에, 잘못된 결정으로 쓰라린 실패를 경험하게 되면 그 후로는 결정을 의도적으로 유보하거나 피하게 됩니다. 이런 걸 심리학에서는 '인지왜곡'이라고 부르는데요. 실패와 연관된 경험이 생각의 '틀'을 왜곡해 자동으로 '난 뭘 해도 안 돼, 난 앞으로 하는 것마다 실패할 거야'라는 식으로 확대해석하고 과잉 일반화하는 논리적 오류에 빠진다는 겁니다. 이럴 때는 내가 어떤 생각의 틀에 갇혀 있는지 검증해 보는 것이 좋은데요. 인지치료에서 '소크라테스식 문답법'이라 부르는 검증법을 사용해 볼 수 있습니다.

과거에 잘못된 선택을 했다고 이번에 또 최악의 선택을

할 거라는 근거가 어디에 있나?

또다시 잘못된 선택을 한다는 게 항상 사실인가?

나는 충분히 객관적인가? 나는 이 일의 전체를 보고 있는가?

다른 사람이 똑같이 말한다면 나는 어떻게 볼까?

이런 질문을 통해 자신도 몰랐던 비합리적인 생각을 수정하고 좀 더 폭넓은 관점을 가질 수 있을 겁니다.

설사 잘못된 선택으로 인해 실패한 경험이 있더라도 그걸 통해 배우고 성장할 수 있다면 그것은 '빛나는 흑역사'가 될 수 있습니다. 실패의 경험으로부터 내가 많은 것을 배웠다는 생각은 실제로 결정장애를 극복하는 데 큰 도움이 됩니다. 실패에 따른 불안을 극복한다면, 책임지는 것에 두려워하지 않는다면 우리는 선택 앞으로 한 발짝 더 다가갈 수 있습니다.

사실 모든 선택에는 '결정의 마감시한'이 필요합니다. 선택장애를 가진 사람들의 가장 큰 공통점은 최고의 선택을 하기 위해 계속 미룬다는 건데요. 마감시한을 정해놓고 그 시간이 다가오면 스스로 무조건 결정을 하는 겁니다. 그런 후에는 최상의 결과가 나오도록 노력하는 게 중요합니다. 최고의 결정은 선택하는 순간에 있는 게 아니라, 선택한 후 좋은 결과를 얻기 위해 노력하고 애쓰는 과정에 달렸다는 걸 기억하셨으면 합니다. 평소 작은 것부터 스스로 결정하는 연습을 하는 것도 선택장애를 극복하는 좋은 방법입니다. 옷을 사거나 점심 메뉴를 고르는 사소한 결정 연습부터 시작해 그 결과에 만족할 수 있도록 노력하는 것이죠. 수많은 시도를 통해 젓가락질이 능숙해지는 것처럼 결정도 경험이 쌓일수록 더욱 능숙해지는 법입니다.

10장

'거리두기'에 서툰 당신에게

우리가 겪는 심리적 어려움은 대개 '거리'와 관련이 있습니다. 너무 가까워도 힘들고, 너무 멀어도 힘든 것이죠. 일도 사랑에도 인간관계에도 모두 적당한 거리가 필요합니다.

특히 인간관계에 있어 조금은 안심하고 쉴 수 있는 여유 공간을 둬야 합니다. 매일 연락하고 죽고 못 사는 관계보다, 가끔 연락해 안부를 묻고 술잔을 기울이는 사이가 더 오래 유지되는 법입니다. 사람은 누구나 무의식 어딘가에 아픈 곳이 있어서 그 부분을 들키지 않으려고 여러 겹의 방어막이나 가시를 쳐놓습니다. 그렇기 때문에 선한 의도를 가지고 다가간다 하더라도 관계가 닫힐 수도, 누군가는 다칠 수도 있습니다.

사람과의 관계뿐만 아니라 저는 일에 있어서도 '거리 두기'를 권합니다. 직업을 통해 자부심은 느끼고 자아실현을 위해 노력하되, 직장이라는 조직을 위해 너무 많은 힘을 빼지는 말아야 한다는 것이죠. 직장과 자신을 동일시하여 직장의 성장을 위해 온몸을 바치는 것도, 직장에서의 인간관계를 마치 생사고락을 함께하는 전우인 양 의미부여하며 가깝게 여기는 것도 곤란하다는 겁니다.

종이에 눈을 너무 바짝 대면 글자가 보이지 않듯이, 관계 속에, 또는 조직 내부에 있다 보면 자신이 어떤 상황에 있는지, 자신의 감정이 어떤 상태인지 잘 보이지 않습니다. 저는 그럴 때 '여행'을 추천합니다. 신기하게도 일상에서 멀어질수록 자신을 더욱 잘 볼 수 있기 때문이죠.

일단 여행은 고갈된 에너지들을 재충전하게 해줍니다. 여행은 번아웃 증후군을 예방하는 데에도 효과적이죠. 또 여행에 필요한 기술은 갖고 떠나는 게 아니라 대부분 여행지에서 하나하나 갖게 되는데 '내가 해냈다'는 경험은 자존감과 자긍심을 높여주고 정서적인 행복감을 느끼게 해줍니다. 자신을 다시 세우기 위해 필요한 육체적·정신적 에너지를 여행을 통해 가득 채우게 되는 것이죠.

여행은 또 다른 나를 끄집어내어 새로운 길 위에 세우는 경험입니다. 일상 속에서의 나와 낯선 여행지에서의 나는 완전히 다른 모습입니다. 일상에서는 타인의 시선 때문에 스스로를 가두게 되는 부분이 있지만 여행지에서는 그런 게 없습니다. 익숙한 시선도, 나를 규정하는 무엇도 없는 낯선 환경은 마음을 열게 해주고, 새로운 나를 끄집어내게 해줍니다. 종종 소심했던 사람이 여행을 다녀온 뒤로 굉장히 적극적으로 변하기도 하는데, 여행이 미처 몰랐던 나를 만나게 해주기도, 나를 변화시켜주기도 하기 때문입니다.

여행은 사람 사이의 관계를 개선하는 데도 큰 도움을 줍니다. 낯선 여행지에 가면 익숙했던 사람이 그리워집니다. 가족, 친구, 누구와 여길 오면 참 좋았을 텐데 하면서 말이죠. 여행으로 인해 가까운 사람 곁을 떠나면 오히려 정서적인 유대감이 생기는 특이한 경험을 하게 됩니다. 그건 여행만이 제공하는 굉장히 소중한 경험이라고 생각합니다.

그런데 "저는 여행을 해본 적이 없어서 마음먹기조차 어려운데 어떻게 여행하면 좋을까요?"라고 묻는 분이 있습니다. 어디로 여행을 떠나면 좋을까? 혼자 가면 외롭지 않을까 고민하는 분들을 위해 저만의 여행 방법 하나를 소개해 드리겠습니다. 저는 여행을 가면 그 지역 서점에 들릅니다. 거기서 그 지역에서 활동하는 시인의 시집을 하나 구입합니다. 가령 제주도에 가면 제주도에서 활동하는 이생진 시인의 「그리운 바다 성산포」

와 같은 시집을 사는 거죠. 시집에는 그 지역의 어떤 지명이 나오곤 하는데요. 거길 한번 찾아가 보는 겁니다. '그리운 바다 성산포'를 읽고 시에 등장하는 성산포를 상상하다 보면 낯선 여행지가 친밀해지고, 도착해서는 시인의 눈으로 풍경을 느끼며 함께 대화하며 여행하는 듯한 효과를 누릴 수도 있습니다. 거기다 특별한 기념품을 통해 여행 당시의 기억과 감정을 간직하고 떠올리는 것처럼, 시 구절 하나를 가슴에 새기면 여행의 효과와 여운을 오래도록 간직할 수 있습니다.

> 나는 내 말을 하고 바다는 제 말을 하고
> 술은 내가 마시는데 취하기는 바다가 취한다.
> 성산포에서는 바다가 술에 더 약하다.

제주 성산포는 아니지만 부산 어느 바닷가에서 소주잔을 기울일 때, 이 구절을 곱씹다 보면 성산포 바다와 그때의 감정이 아련하게 떠오릅니다.

여행은 본질적으로 낯선 것, 낯선 환경을 받아들이는 경험입니다. 그 과정을 통해 자신이 성장함을 느끼죠. 낯선 것에 막연한 불안함을 느끼고 계신 분에게는 영화 '리스본행 야간열차'(2014, 감독 빌 어거스트, 주연 제레미 아이언스)를 소개해드리고 싶습니다. 이 영화는 은퇴를 앞두고 평범하게 살던 남자가 어느 폭우가 쏟아지던 날, 우연히 자살 시도를 하는 낯선 여자를 구한 후 직장으로 출근하는 대신 리스본으로 가는 열차를 타면서 생애 최초의 일탈을 감행하는 이야기입니다. 이 영화에는 여행의 효과, 여행의 마법을 잘 표현해주는 대사 몇 구절이 나오는데요.

우리 인생의 진정한 감독은 우연이다.
사실 인생을 결정하는 극적인 순간은 놀라울 정도로 사소하다.

어딘가로 떠날 때 자신을 향한 여행이 시작된다.
그리고 자신을 알아간다.

자신에 대해 알고 싶고, 주변을 더 사랑하고 싶다면 일상과 거리를 두어야 한다는 여행의 역설을 아름다운 풍경 속에 잘 녹여낸 영화가 아닐까 싶습니다.

저의 여행법, 그리고 감독의 제안이 도움이 되실지 모르겠습니다. 사실 여행의 방법에는 정도(正道)가 없다는 걸 말씀드리고 싶습니다. 철학자 발터 벤야민은 제가 독일어를 공부하게 된 계기를 제공해준, 개인적으로 굉장히 존경하는 사상가입니다. 벤야민이 세상을 향해 수많은 물음표를 던지고 그토록 빼어난 글을 쓸 수 있었던 것 또한 자신만의 여행법이 있었기 때문입니다. 그는 '길을 잃어야만', '길을 찾을 수 있다'고 말합니다. 길을 잃는 연습, 그것이 바로 여행이라고 말이죠.

> 낯선 도시를 여행할 때는 길을 잃는 훈련이 필요하다. 낯선 도시에서는 마치 숲에서 길을 잃듯이 헤매는 훈련이 필요하다. 우연히 길을 잃는 게 아니라 길을 잃는 훈련이 필요한 것이다. 마치 숲에서 길을 잃듯 도시를 헤매는 기술을 습득한 사람에게만 낯선 도시는 자신의 진짜 얼굴을 드러낸다. 길을 잃고 헤매는 것이야말로 낯선 장소에서만 가능한 색다른 경험이며, 그것을 통해 애초에 의도하지 않았던 많은 사물과 역사, 그곳에 사는 사람들의 진짜 삶을 만날 수 있기 때문이다.

진정한 여행의 선물은, 여행을 마치고 일상으로 돌아왔을 때 받을 수 있습니다. 내가 늘 생활하던 일상이 다르게 보이는 그 순간 말이죠. 똑같이 직장에 출근하고 똑같은 일상을 살게 되지만, 여행을 다녀오면 일상의 GPS가 바뀌어 있는 경험을 하게 됩니다. 여행을 통해 심리적으로 성장한 내면은 평소 너무 가까워 알지 못했던 일상의 소중함도, 익숙함에 무뎌진 관계의 애틋함도 알아차릴 수 있게 해줄 겁니다.

마음에 서툰 당신,

지금 용기 내 떠나보는 건 어떨까요?

편집자 단상

나는 사람에겐 누구나 상처가 있다고 믿는 편이다.
상처의 크기나, 상처를 대하는 생각의 차이가 있을 뿐.

방송구성작가 시절, 권명환 선생을 처음 만났다.
몸이 쇠약해져 내과, 신경과를 전전하다
마지막에 가 닿은 곳이 그의 책상 앞이었다.
나는 그에게 말했다.

"제가 가진 상처는 저 자신으로 인함입니다.
모두에게 좋은 사람이 되고 싶고
모든 일을 다 잘해서 인정받고 싶었거든요.
그 기저에는 낮은 자존감이 있는 것 같습니다."

그는 나에게 이렇게 말했다.

"이미 답을 알고 오셨네요.
가지고 계신 답을 행동으로 옮기실 수 있도록,
제가 의학적으로 약간의 도움만 드리겠습니다."

두 번째 만났을 때,
나는 매우 나아진 모습이었다.

그리고 2019년,
출판사를 통해 어떤 책의 윤문작업을 요청받았다.
그의 원고였다.
원고를 읽다 보니 모르거나 혹은 외면했던 내 마음을,
타인의 마음을 조금은 알 것 같았고,
오랜 기간, 정성어린 상담 경험으로 다져진
그의 견해가 몇몇 문제의 답을 주었다.

이 책의 내용은 이미 라디오 방송을 통해
대중에 공유된 바가 있지만
휘발되지 않는 책으로 만들어
두고두고 꺼내 볼 수 있다면 더욱 좋을 터.
그러한 개인적 바람과
원고를 보며 떠오른 몇몇 누군가에게

덧, 편집자 단상   204

이 책을 선물해주고 싶다는 간절함이
작업을 이끄는 동력이 되었다.

그와의 상담 중
가장 기억에 남는 말이 있다.
내가 알 수 없는 불안에 휩싸일 때,
그의 말은 언제나 힘을 발휘한다.

"은지 씨는 그저 남보다 조금 예민한 거랍니다.
그런 예민함이, 글을 쓰는 은지 씨에게
오히려 도움이 될 겁니다."

위로도 무엇도 아니지만
나의 부정을 긍정으로 바꾸어 준 그의 말.
이 책에는
상황을, 인생을 바꾸어줄 그런 말들이
알알이 박혀있다.

서툴다고 말해도 돼

지은이	권명환
초판 1쇄 발행	2019년 12월 05일
4쇄 발행	2022년 12월 02일
펴낸곳	호밀밭
펴낸이	장현정
책임편집 및 윤문	하은지
편집	박정오
디자인	최효선
마케팅	최문섭
등록	2008년 11월 12일(제338-2008-6호)
주소	부산 수영구 연수로357번길 17-8 1층
전화	051-751-8001
팩스	0505-510-4675
이메일	anri@homilbooks.com

Published in Korea by Homilbat Publishing Co, Busan.
Registration No. 338-2008-6.
First press export edition December, 2019.

ISBN 979-11-968669-0-7   03180

이 도서의 국립중앙도서관 출판예정도서목록(CIP)은 서지정보유통지원시스템 홈페이지
(http://seoji.nl.go.kr)와 국가자료공동목록시스템(http://www.nl.go.kr/kolisnet)에서 이용
하실 수 있습니다. (CIP제어번호: CIP2019048253)

부 록

━ 그림 두 장은 각기 다른 진료실에서 만난 두 분으로부터 선물받은 것입니다. 왼쪽은 현재 몸담고 있는 영도 해동병원에서 정신분석을 진행한 20대 여성분에게서, 오른쪽은 서울 삼성의료원에 있을 때 상담을 진행한 여고생에게 받은 그림입니다. 두 그림 모두 제 귀가 과장되게 그려져 있는데요. 환자분들의 말을 더욱 잘 경청해달라는 준엄한 요구로 여기고 있습니다. 해당 내용은 6장 '표현'에 서툰 당신에게 중 소통의 문을 여는 열쇠에 자세히 적혀 있습니다.